1. 石河子大学教育教学改革项目："高校'四史'系……究——以石河子大学为例（JGY-2023-58）"的研究成果。

2. 石河子大学自主支持校级科研项目："兵团精神培育大学生理想信念的实践进路研究（ZZZC2023083）"的研究成果。

3. 石河子大学2023年"思政课程+课程思政"协同育人共同体建设项目："动物医学"的研究成果。

新时期大学生思想政治教育实践研究

罗　静　陆志伟　叶开亮 ◎ 著

中国书籍出版社
China Book Press

图书在版编目（CIP）数据

新时期大学生思想政治教育实践研究 / 罗静，陆志伟，叶开亮著 . -- 北京：中国书籍出版社，2024.3

ISBN 978-7-5068-9829-4

Ⅰ. ①新… Ⅱ. ①罗… ②陆… ③叶… Ⅲ. ①大学生—思想政治教育—研究—中国 Ⅳ. ① G641

中国国家版本馆 CIP 数据核字 (2024) 第 067152 号

新时期大学生思想政治教育实践研究

罗 静 陆志伟 叶开亮 著

图书策划	成晓春
责任编辑	成晓春
封面设计	博健文化
责任印制	孙马飞 马 芝
出版发行	中国书籍出版社
地　　址	北京市丰台区三路居路 97 号（邮编：100073）
电　　话	(010) 52257143（总编室） (010) 52257140（发行部）
电子邮箱	eo@chinabp.com.cn
经　　销	全国新华书店
印　　刷	天津和萱印刷有限公司
开　　本	710 毫米 ×1000 毫米 1/16
字　　数	261 千字
印　　张	11.25
版　　次	2024 年 5 月第 1 版
印　　次	2024 年 5 月第 1 次印刷
书　　号	ISBN 978-7-5068-9829-4
定　　价	76.00 元

版权所有　翻印必究

前 言

当前,我国已全面建成小康社会,正向着建设社会主义现代化强国迈进,中华民族伟大复兴向前迈出新的一大步,中国特色社会主义进入新时代。

党的二十大以来,我国各项事业呈现出全方位发展的态势,大学生思想政治教育也正努力着、适应着、创新着。大学生思想政治教育是培养合格社会主义建设者和接班人的工程,不同于经济、文化等领域,它有着自身的发展规律。当前,社会主要矛盾的变化、网络技术的推进、新媒体的出现、社会现代化等使得人们的思想出现各种问题。当前,大学生思想政治教育必须坚持以党的二十大精神和习近平新时代中国特色社会主义思想为指导,着眼于培养担当民族复兴大任的时代新人,以学生发展为中心,不断提升内涵和质量,以满足学生成长发展需求和期待。

本书将围绕新时期大学生思想政治教育实践展开论述。第一章为大学生思想政治教育概述,包括大学生思想政治教育的综合解读、大学生思想政治教育的历史演进与发展规律、大学生思想政治教育中存在的机遇与挑战、新时期大学生思想政治教育的特点和任务四个方面的内容;第二章为新时期大学生思想政治教育的重要内容,主要介绍了四个方面,依次是中国特色社会主义制度认同教育、社会主义核心价值观教育、中国梦教育、"四个自信"教育;第三章为新时期大学生思想政治教育的方法创新,分别介绍了三个方面的内容,依次是大学生思想政治教育的基本方法、新时期大学生思想政治教育方法创新的意义、新时期大学生思想政治教育方法创新的途径;第四章为新时期大学生思想政治教育的队伍建设,依次介绍了大学生思想政治教育队伍建设的现状和理论指导、加强大学生思想政治教育队伍的素质与能力构成、大学生思想政治教育队伍的专业能力提升、加强大学生思想政治教育队伍建设;第五章为新时期大学生思想政治教育的融合探究，主要介绍了四个方面的内容，分别是课堂教学与思想政治教育融合、校园文化活动与思想政治教育融合、社会实践活动与思想政治教育融合、网络平台与思想政治教育融合。

在撰写本书的过程中，石河子大学罗静副教授主要负责前两章内容的撰写，共计8.9万字；石河子大学陆志伟副教授主要负责第三章内容的撰写，共计8.5万字；兰州大学博士研究生、石河子大学讲师叶开亮负责第四、五章的撰写，共计8.7万字。在撰写本书的过程中，作者得到了许多专家学者的帮助和指导，参考了大量的学术文献，在此表示真诚的感谢！

由于作者水平有限，本书难免存在一些疏漏，在此，恳请同行专家和读者朋友批评指正！

作者

2023年6月

目 录

第一章 大学生思想政治教育概述 ··· 1
   第一节 大学生思想政治教育的综合解读 ······································ 1
   第二节 大学生思想政治教育的历史演进与发展规律 ······················ 6
   第三节 大学生思想政治教育中存在的机遇与挑战 ······················· 19
   第四节 新时期大学生思想政治教育的特点和任务 ······················· 28

第二章 新时期大学生思想政治教育的重要内容 ································ 33
   第一节 中国特色社会主义制度认同教育 ···································· 33
   第二节 社会主义核心价值观教育 ··· 39
   第三节 中国梦教育 ··· 48
   第四节 "四个自信"教育 ··· 57

第三章 新时期大学生思想政治教育的方法创新 ································ 65
   第一节 大学生思想政治教育的基本方法 ···································· 65
   第二节 新时期大学生思想政治教育方法创新的意义 ···················· 92
   第三节 新时期大学生思想政治教育方法创新的途径 ···················· 95

第四章 新时期大学生思想政治教育的队伍建设 ······························· 104
   第一节 大学生思想政治教育队伍建设的现状和理论指导 ············· 104
   第二节 大学生思想政治教育队伍的素质与能力构成 ·················· 107
   第三节 大学生思想政治教育队伍的专业能力提升 ······················ 121
   第四节 加强大学生思想政治教育队伍建设 ································ 123

第五章　新时期大学生思想政治教育的融合探究 ……………… 135
第一节　课堂教学与思想政治教育融合 ………………… 135
第二节　校园文化活动与思想政治教育融合 …………… 162
第三节　社会实践活动与思想政治教育融合 …………… 165
第四节　网络平台与思想政治教育融合 ………………… 167

参考文献 ………………………………………………………… 172

第一章 大学生思想政治教育概述

本章为大学生思想政治教育概述，主要从四个方面进行阐述，分别是大学生思想政治教育的综合解读、大学生思想政治教育的历史演进与发展规律、大学生思想政治教育中存在的机遇与挑战、新时期大学生思想政治教育的特点和任务。

第一节 大学生思想政治教育的综合解读

一、大学生思想政治教育的含义

（一）大学生思想政治教育

大学生思想政治教育是高校用一定的思想观念、政治观点、道德规范对大学生进行有目的、有计划、有组织的教育影响，使他们符合社会要求的思想政治品德。当前，大学生思想政治教育的目标是培养大学生具备中国特色社会主义核心价值观，树立正确的世界观、人生观、价值观，形成强烈的家国意识和社会责任感。

（二）与大学生思想政治教育有关的几组概念

在大学生思想政治教育中，绝大多数概念都有明确的含义和界定，但有些概念的含义是相近的或者是不太明确的，在某种语境下可能还是相同的，这往往会给我们的使用造成麻烦。为了求得对这些概念的准确使用，有必要对它们的内涵进行探讨和厘清。

1. 高校政治工作和思想工作

政治工作一词产生于20世纪初，据学者考证，是由俄国布尔什维克党的创始人列宁首次提出的。"十月革命"一声炮响给中国送来马克思列宁主义的同时，"政治工作"也传入中国。

政治工作是指一定的阶级、政党、团体为实现自己的政治纲领和根本政治任务而进行的活动。例如，中国共产党的组织工作、干部工作、宣传工作，群众工作、统战工作、纪检工作、党风廉政工作等，都属于中国共产党政治工作的范畴。

高校政治工作就是高校党组织为实现党的政治纲领和政治任务而在大学生中进行的活动。高校政治工作往往需要结合具体的业务工作一道进行。把政治工作渗透到具体的业务工作中，目的在于解决高校政治工作与业务工作"两张皮"的问题。这种"渗透"还在于它是一种政治工作的方法，通过这种方法，可以使大学生在潜移默化中受到政治工作的影响，以实现党的政治工作的目的。

高校思想工作是指教育者根据我国社会的发展要求和工作职责，通过一定的方法和途径帮助大学生转变思想观念的活动。通过做大学生的思想工作，可以使大学生的思想由不通到通，由模糊到清晰，思想觉悟水平由较低层次提升到较高层次，由一种思想转变到另一种思想等。

高校思想工作可以分为政治性的思想工作和非政治性的思想工作、临时性的思想工作和经常性的思想工作、群体性的思想工作和个体性的思想工作，职业性的思想工作和非职业性的思想工作等。

在我国的社会条件下，不少思想工作是政治性的思想工作。改革开放后，在建设中国特色社会主义的历史进程中，需要把人们的思想认识统一到改革开放上来，统一到建设中国特色社会主义的伟大事业中来，从而形成推动我国社会又好又快发展的巨大力量。因此，政治性的思想工作成了我国社会生活的一大特色。这种情况必然要反映到高校思想工作中来，使高校部分思想工作带有鲜明的政治性。例如，思想政治理论课的教学，学生的党课、团课教育等都具有鲜明的政治性。

尽管如此，高校政治工作和高校思想工作仍然是两个相互联系又相互区别的概念。高校政治工作中包含思想工作，但并不是所有的政治工作都包含思想工作。因为大学生思想问题可能是由政治性的因素引起的，也可能是由非政治性的因素（如思想方法、学习方法、情感，心理因素、生活习惯以及认识上的因素等）引起的。如果思想问题是由政治性的因素引起的，解决这种思想问题是政治工作的任务；如果思想问题是由非政治性的因素引起的，那么这是思想工作的任务。因此，我们不应把政治性的思想工作泛化，也不能把所有的思想工作都看成政治性的思想工作。针对大学生所做的日常思想工作不少是非政治性的思想工作，政治性的思想工作只是整个高校思想工作中的一部分。

显然，高校思想工作不能等同于高校政治工作，高校政治工作也不能等同于高校思想工作。那么，高校思想工作和高校政治工作加起来，是不是就是高校思想政治工作呢？显然不是。如果这样理解，会使高校思想政治工作这一概念的外延过大，在工作实践中会造成工作职责的混淆，不利于高校思想政治工作的开展。因为高校思想政治工作只是高校政治工作的一部分，即高校思想政治工作主要是思想性的政治工作这一部分；高校思想政治工作也只是高校思想工作的一部分，换言之，高校思想政治工作只是政治性的思想工作这一部分。高校思想政治工作就是高校政治工作中的思想性部分和高校思想工作中的政治性部分的有机叠加、融合。这样理解就可以恰当地确定高校思想政治工作的领域，既可以把高校政治工作中的一些内容分离出高校思想政治工作领域，也可以把非政治性思想工作排除在高校思想政治工作领域之外。一般而言，凡纯属非政治性的具体思想和行为，如纯属大学生学习中的具体思想和行为，纯属大学生个人生活方面的具体思想和行为，一般都不应列入高校思想政治工作领域。这些方面的思想问题，理应由大学生自己去判断、选择和解决。但是，大学生非政治性的思想问题如果与政治相关联，教育者可能就要首先帮助大学生解决非政治性的思想问题，以创造解决大学生政治性思想问题的条件。例如，大学生在学习和生活中会遇到很多具体问题，如学习方法问题、学习毅力问题、学习挫折问题等，帮助大学生解决这些具体问题，往往能为有效地开展高校思想政治教育工作创造条件。

但在现实生活中，面对一个大学生的具体问题，它究竟是属于思想问题还是属于政治问题，是属于政治性的思想问题还是非政治性的思想问题，人们往往难以确定、区分。另外，在现实生活中，大学生的思想问题和政治问题往往交织在一起，使我们难以判断、区分。因此，在高校思想政治工作中，应特别注意对具体情况作具体分析，从而正确、恰当地界定高校思想政治工作的领域。

2. 高校思想政治工作和大学生思想政治教育

高校思想政治工作以马克思主义的科学理论为指导，主要是研究、运用大学生思想活动规律，提高大学生认识世界和改造世界能力的一项工作。

在我国，思想政治工作与中国共产党的思想政治工作是一个意思，它是党的工作的重要组成部分。高校思想政治工作是在学校党委领导下的一项重要工作，是党的思想政治工作的重要组成部分。

高校思想政治工作是教育、组织大学生为实现党的纲领和任务而奋斗的手段。它以马克思列宁主义、毛泽东思想、邓小平理论、"三个代表"重要思想、科学发展观和习近平新时代中国特色社会主义思想为指导，具有鲜明的党性、实践性和群众性特点。

高校思想政治工作具有科学性，它必须用马克思主义的科学理论体系作为指导，它应当借鉴和利用心理学、教育学、伦理学、法学、政治学、社会学、管理学等学科的成果为其服务，它必须遵循客观的工作规律和科学的工作原则。

大学生思想政治教育是指通过有目的、有计划、有组织的社会实践活动，培养大学生的思想政治品德。这种教育旨在引导大学生树立正确的世界观、人生观、价值观，加强他们的思想道德修养，使他们形成积极向上的品格和价值观念。大学生思想政治教育的实施，需要遵循我国社会发展要求和大学生思想政治教育规律。

高校思想政治工作和大学生思想政治教育是两个相互区分又相互联系的概念。一般认为，这两个概念的含义相同，可以通用。但细辨起来，二者还是有一定区别的。高校思想政治工作中的"工作"不等于"教育"，但"大学生思想政治教育"却是"工作"。

大学生思想政治教育是高校思想政治工作主要的或基本的内容，但不是高校思想政治工作的全部。从这两个概念的逻辑关系上而言，二者是一个包容或从属关系而不是并列关系。显然，前者的含义要宽广一些，后者的含义则狭小一些。

二、大学生思想政治教育工作的本质、规律与核心领域

（一）大学生思想政治教育工作的本质

作为一门学科，大学生思想政治教育有自己特定的研究对象。研究对象的界

定是学科划分和发展的基础，它决定了学科研究的范畴和内容。在大学生思想政治教育中，其研究对象主要是大学生的思想政治教育及其发展的情况。这包括大学生的思想观念、政治意识、价值观念以及对社会、国家和世界的认知和理解等方面。研究对象还包括大学生的道德品质、社会责任感、创新精神、团队合作能力等个人素养和社会行为。大学生思想政治教育的研究对象也涉及教育者和教育环境的影响。研究者可以探究大学生思想政治教育中教育者的教育方法、教育资源、教育政策等方面的情况，以及社会环境对大学生思想政治教育的影响和制约因素。通过对大学生思想政治教育的研究，可以深入理解大学生思想政治教育的规律和特点，为改进和推进大学生思想政治教育工作提供理论依据和实践经验。

大学生思想政治教育工作的本质指的是大学生思想政治教育工作的根本性质、内在联系、基本特征和目的任务。本质是同类现象中一般的东西，事物的本质是通过现象从不同的方面表现出来的。只要对丰富多变的学生思想活动和学生思想政治教育工作的历史和现状加以研究，就能通过现象看到本质。大学生思想政治教育工作的本质是可以被人认识的。

（二）大学生思想政治教育工作的规律

大学生思想政治教育工作的规律，指的是大学生思想政治教育工作过程中的本质的、必然的、内在的联系，包括大学生思想活动规律和思想政治教育规律，以及大学生思想政治教育工作的基本方针、原则和方式、方法等。大学生思想政治教育工作的规律是可以被人认识的。

由于大学生思想政治教育工作的研究对象是大学生，大学生是有复杂的思想感情的，这种思想感情会随着客观情况的变化而不断变化，客观情况的变化有其规律性，大学生思想活动也有其规律性。社会的、政治的、经济的、客观情况的变化规律能被人们把握、认识，大学生思想活动的规律性也能够被人们把握、认识。大学生思想政治教育工作必须根据影响大学生思想的客观规律并遵循大学生思想活动规律实施，才能取得效果。所以，大学生思想政治教育工作也必然有其自身的规律性。我党在长期的大学生思想政治教育工作实践中，已经认识和正在认识这些规律，形成了一套比较完整的好传统、好作风体系，建立了独立的大学生思想政治教育工作业务模块，创造了一整套成熟的大学生思想政治教育工作的方针、原则和方法，对大学生思想政治教育工作的规律已形成了基本的认识，并运用这种认识指导大学生思想政治教育工作的实践,产生了很好的效果。

(三)大学生思想政治教育工作的核心领域

科学研究的原则在于,针对某一现象所处领域的特定矛盾,确定为其独特的研究领域。大学生思想政治教育工作作为一门学科,也有自己专门的研究领域。大学生思想政治教育工作的研究对象是处在一定历史条件、地理区域、社会条件和生活环境的大学生,他们的思想和行为有其自身的特点和规律,对这种特点和规律进行研究是大学生思想政治教育工作这门学科的任务。大学生思想和行为发展变化的特点和规律决定了大学生思想政治教育工作也有与之相适应的特殊的教育理论,工作过程、方针、原则和基本方法,以及组织机构和活动形态,它们结合在一起构成了独立的研究领域和实践领域。

大学生思想政治教育工作就是为完成党在高校的政治任务和保证高校培养目标的实现而对大学生进行的思想教育和思想转化工作。它的对象是大学生;它的中心是对大学生进行思想政治教育;它的性质是解决人民内部矛盾,对大学生进行耐心细致的思想教育和引导,使他们的思想转化到社会主义的轨道;它的方针、原则和基本方法也是围绕对广大大学生进行思想政治教育和思想转化引导而规定的。大学生思想政治教育工作,从本质上讲,体现着无产阶级的性质,它以马克思列宁主义、毛泽东思想、邓小平理论、"三个代表"重要思想、科学发展观、习近平新时代中国特色社会主义思想为指导,用无产阶级世界观教育学生、改造学生,以解决他们的思想观点和立场问题,激发他们学习、生活、工作的积极性、创造性,保证党的教育方针和学校培养目标的顺利实现。

第二节 大学生思想政治教育的历史演进与发展规律

随着社会的不断发展和变化,大学生思想政治教育也呈现出不同的时代特点和需求。不同时期的大学生思想政治教育在组织形式、教育内容、方法手段等方面都有所不同,并不断进行创新与改革。通过回顾和分析过去的经验和实践,可以更好地了解大学生思想政治教育的客观规律,为当下和未来的教育工作提供参考和借鉴。

一、大学生思想政治教育的历史演进

（一）中华人民共和国成立前的大学生思想政治教育

从建党到中华人民共和国成立将近30年的时间里，中国处于革命和战争时期，一部分共产党人高瞻远瞩，从建党之初就意识到青年教育的重要性，将对青年学生进行思想政治教育摆在十分突出的位置，为党和国家培养了大批后备力量。

1. 第一次国内革命战争时期的大学生思想政治教育

我国的大学生思想政治教育在一批有为之士的努力之下经历了从无到有的过程。第一次国内革命战争时期，党利用第一次国共合作的有利时机，在上海大学和黄埔军校等学校对青年学生开展思想政治教育，培养了一批革命先驱者。一时间，大批进步学生加入马克思主义阵营，在思想上经历马克思主义的洗礼之后迅速成为中国最早期的马克思主义者。

这一时期，党为了培养革命干部，采取多种形式创办了各种高校，并在这些学校中开展思想政治教育。

2. 土地革命战争时期的大学生思想政治教育

中国共产党在革命战争时期独立创办了新型高校，大力举办各种党、政、军短期培训班性质的大学。例如，创办了江西苏维埃大学，培养政治、经济、文教干部；创办了中国工农红军大学，培养营、团级以上的军事和政治干部；创办了马克思共产主义学校，主要学习马克思主义原理、党的建设、苏维埃建设、工人运动等。学校不仅有批评与自我批评制度、每周小组会、每周支部会等日常的、实际的思想政治教育，还坚持理论联系实际的原则，组织学生到前线、到地方去锻炼，成为培养政治干部的高级学校。此外，中国共产党以实际行动组织和领导青年学生投身于一系列政治运动中。广大青年学生经历了"一二·九"运动的洗礼，成立了具有广泛群众性的青年组织，这些实践活动有力地推动了全国抗日民族解放运动的开展。

3. 抗日战争时期的大学生思想政治教育

抗日战争时期，党在陕甘宁边区创办了十多所高校。在十四年抗战中，党培养了大量革命干部，为我党我军的建设和中华民族解放事业作出了巨大贡献。同一时期，大后方国民党统治区的思想政治教育也在艰难进行着，通过宣传党的主张，依靠进步教授，凝聚进步力量，团结广大青年学生，开展多种多样的学术和文体活动，宣传抗日民族统一战线和党的全面抗战路线，学生的政治觉悟和民族意识得到大幅提高。

4. 解放战争时期的大学生思想政治教育

解放战争时期，党领导大学生思想政治教育的工作中心是号召学生参加和支援解放战争，进行推翻国民党统治的斗争。抗战胜利后至中华人民共和国成立前夕，各大解放区都成立了人民革命大学。针对当时学生来源广、成分复杂的特点，党继承了苏区和抗日根据地的办学经验和优良传统，切实有效地加强了思想政治教育。在新解放区，民主政府接管和改造了一批高校，对学校的思想政治教育尤为重视，如西北局指示要派得力干部管理学校，并且遵循新民主主义教育的方针，调整课程和加强思想政治教育。东北解放区政府和东北局指示，凡是反动的封建的宣传法西斯主义的教材，都必须立即停止使用，要彻底改革内容，一切要按新民主主义教育的方针来办。在国统区，中国共产党虽然处于地下活动状态，但仍十分重视对青年学生的思想政治教育。北平学委根据中央局的指示，派遣一批优秀党员进入北大、清华、燕京等高校，健全党、团组织，团结起广大青年学生，加强了北方学生的力量。

党善于抓住形势、团结人民，以进步思想领导群众，不仅通过大学生思想政治教育哺育了一代国家栋梁，更从思想上、干部培养上为中华人民共和国成立做了充分准备。

（二）从中华人民共和国成立到改革开放前夕的大学生思想政治教育

中华人民共和国成立不仅揭开了中国教育史的新篇章，也揭开了高校思想政治教育的新篇章。从中华人民共和国成立到改革开放前夕，大学生思想政治教育走过了一条艰难曲折的路程，为改革开放之后的大学生思想政治教育提供了经验借鉴。

1. 社会主义改造时期的大学生思想政治教育

中华人民共和国成立初期，百废待兴，中国共产党作为执政党毅然扛起建设祖国的大旗。这一时期大学生思想政治教育肩负着改造旧教育、创造新教育的重任，积累了不少宝贵经验，在大学生思想政治教育史上占有极为重要的地位，主要表现在以下几个方面。

(1) 重视思想政治教育，确立了大学生思想政治教育在高等教育中的重要地位

1949年9月，我国对新时期的文化教育作出了明确规定，由中华人民共和国政治协商会议通过的《共同纲领》规定：中华人民共和国的文化教育是新民主主义的。中国共产党对高校旧体制和国民党实行的反动制度进行了肃清，组建了党团组织以及学生会等群众组织。1953年5月，毛泽东亲自主持了政治局会议，对高校教育工作进行了专题讨论。党的过渡时期总路线提出后，社会主义教育和反对资产阶级思想腐蚀成为思想政治教育的主要任务，青年普遍朝着"三好"目标努力，"三好"也成为思想政治教育的工作方向。

(2) 设置马克思主义政治理论课，形成了比较科学的思想政治教育的课程体系

华北地区各大专院校的文学院、法学院最早将思想政治理论课带进课堂。1950年下半年，教育部召开了全国高等学校政治课教学研讨会，规定了今后全国推行思想政治教育的"三个重点""三项规定"和"六项原则"。1952年10月，根据有关规定，政治理论课作为一切专业教育的基础，和其他各种基础课、专业课一样统一列入专业的教学计划中。经过一段时间的教学实践，教育部初步形成了较为完整的马克思列宁主义政治理论课体系，对课程设置、学期安排、学时要求等都进行了具体规定。思想政治课在思想政治教育中的主渠道地位由此确立。

(3) 建立政治工作机构，形成了大学生思想政治教育体制体系

中华人民共和国成立初期，高校实行校长负责制，学生的各项发展由校长全权负责。1952年9月，党中央提出要在高校建立政治工作制度，设立政治辅导处，并配备政治辅导员。自此，专门负责大学生思想政治教育的机构建立，经过几年的发展，各高校对思想政治教育进行组织领导的有效方式得到了全面加强，基本上形成了党委统一领导，校长负责，以政治理论课为主体，各级党团组织、广大教师和辅导员分工配合，共同实施思想政治教育的工作体系，形成了中华人民共和国高校学生思想政治教育体制的雏形，为以后的完善和发展奠定了良好的基础。

(4) 形成了一些比较有效的教育方法

社会主义改造时期形成的比较有效的教学方法主要表现在两个方面。一是继承和发扬了党在革命战争年代进行思想政治教育的优良传统和政治优势，强调政

治学习、批评与自我批评等,通过上党课、听讲座、举办党校培训、开展学马列活动、设立学党章学习小组等形式,进行富有成效的思想政治教育,培养造就了一大批有理想、有知识的社会主义事业的接班人。二是主要采用灌输式和说服法等显性教育的方法。各高校都花了大量精力组织安排学生的思想政治学习和培训,除了政治课、讲座等形式以外,还广泛利用广播、报纸、宣传栏等媒介,进行直接而明确的思想政治教育。

这种形式单一的思想政治教育方法在当时特定的时期比较容易被接受,基本上适应了时代和社会对思想政治教育的要求。

2. 全面建设社会主义时期的大学生思想政治教育

1956—1966年是我国积极探索自身发展道路的重要时期,这一时期高等教育事业迅速发展,党和政府在不断地总结和反思中对大学生思想政治教育进行了新的探讨。知识分子和青少年学生学习马克思主义和时事政治的潮流对我国思想政治教育产生了深远影响,为其在社会主义建设时期的发展奠定了坚实的理论基础。总的来说,全面建设社会主义时期的大学生思想政治教育积累了以下两点有益经验。

第一,大学生思想政治教育在内容和方法上进行了探索,产生了许多成功的经验。例如,在内容上,加强了爱国主义、国际主义、集体主义和社会主义的教育;[①] 在建设社会主义竞赛中,开展"比学赶帮超"活动,形成了全面积极上进的良好氛围。

第二,高校广泛开展"学雷锋"等榜样教育活动,以英雄精神激励青年学生。这一时期,高校广泛、深入持久地宣传一系列典型英雄集体和英雄人物,如拥有"螺丝钉精神"的雷锋,在祖国艰苦创业的伟大实践中吃苦耐劳的"北大荒人",影视、文学作品中的江姐、保尔·柯察金等。他们的精神深深影响了几代中国人。

3. 转折时期的大学生思想政治教育

1977年7月,高校招生考试制度得以恢复,高教事业重新焕发生机。1978年,全国教育工作会议后,党中央、国务院及有关部门相继对教育事业作出一系列重大决策,大学生思想政治教育也开始走上新的发展轨道。马克思列宁主义理论课的正常教育得到恢复,日常的思想政治教育得到加强,学生思想政治工作队伍得

---

① 谈松华. 中国高等学校思想政治教育史纲[M]. 北京:高等教育出版社,1992.

到完善，教育方法和内容得到改进。大学生思想政治教育虽然在一定的历史时期遭受了破坏，但是在党和人民的努力之下又重新走上了健康发展的轨道，并不断取得进步和发挥实效。

（三）改革开放以来的大学生思想政治教育

我国的改革开放经历了 40 余年的不平凡历程，各项社会事业取得了翻天覆地的变化，高等教育也随着这一历程迈入大众化的阶段。在这个历程中，培养社会主义事业建设者和接班人始终是中国高校的历史使命。在这个历程中，中国高校不断探索着"培养什么人、怎样培养人"这一问题的答案。

1. 1978—1989 年：大学生思想政治教育的重建与规范阶段

在中华人民共和国的发展历史上，1978 年是具有特殊意义的一年。1978 年 4 月，全国教育工作会议召开，全面确立了四个现代化的教育目标，指出教育事业必须同国民经济发展的要求相适应。同年，党的十一届三中全会在北京召开，此次会议实现了思想认识领域的拨乱反正，确定了具有深刻意义的"解放思想、实事求是"思想路线，大学生思想政治教育也随着高等教育事业的大发展而走上了正常轨道。

从 1978 年春季开始，第一届高考学生进入大学，改革开放后的大学生思想解放，肯于思考问题，容易接受新鲜事物，勇于创新。他们坚决拥护党的十一届三中全会以来的路线、方针、政策，向往祖国实现"四个现代化"，学习科学文化知识的热情极高。这个时期的基本问题是大学生对马克思主义的理论不是特别了解，对党的历史与传统也不是非常了解，这个时期随着西方文化思潮的涌入，学生的思想中存在着"尼采热""萨特热""弗洛伊德热"等，这引起了大学生思想政治教育者的重视。以此为背景，国家加大力度对思想政治教育进行内容和制度等的完善。

（1）大学生思想政治教育的制度建设

1978—1989 年，党中央和国家相关行政部门制定和颁布了一系列文件，以恢复和统一大学生思想政治教育。

1978 年，教育部颁布了《关于加强高等学校马列主义理论教育的意见（全国教育工作会议征求意见稿）》，对马列主义理论课提出了明确的规定。1980 年 4

月，教育部、共青团中央发出《关于加强高等学校学生思想政治教育工作的意见》，对大学生思想政治教育的内容进行了丰富，将马克思列宁主义、毛泽东思想、革命理想和共产主义道德作为大学生思想政治教育的主要内容，并确立了"四化"的人才培养目标。同年7月，教育部又颁布了《改进和加强高等学校马列主义课的试行办法》，对该课程的目的、学时、大纲、教材乃至教学环节和方法作了细致的规定。1985年8月，中共中央发出《关于改革学校思想品德和政治理论课程教学的通知》，对当时的思想政治课程教学内容与方法进行了改革。

1987年3月和11月，国家教委接连发出《关于进一步改革高等学校马克思主义理论课（公共课）教学的意见》和《关于高等学校思想教育课程建设的意见》明确而具体地规定了马克思主义理论课和思想教育课的课程设置、教学时数。

大学生思想政治教育的制度化建设还包括学生管理制度和教育队伍方面的规范化。在学生管理方面，1982年2月，教育部颁布《高等学校学生守则（试行草案）》，在政治思想和道德品质方面以条文形式对学生提出了基本要求。1989年，国家教育委员会颁布《高等学校学生行为准则（试行）》，对大学生的校园学习与生活作了严格的规范。在教育队伍建设方面，1980年，教育部、共青团中央发出《关于加强高等学校学生思想政治工作的意见》，在思想政治教育队伍建制上提出了要建立政治辅导员制度，要求校系两级都有一名副书记主管学生的思想政治工作，校党委可以根据实际情况设立学生思想政治工作的机构。

（2）大学生思想政治教育内容与主题的更新

一是坚持正确的政治方向。从1978年开始，党就把马克思主义主流意识形态作为大学生思想政治教育的主题，在1987年5月《中共中央关于改进和加强高等学校思想政治工作的决定》中，更是作出了明确的要求，旗帜鲜明地反对资产阶级自由化。

二是重视人生观、价值观教育。20世纪80年代，西方社会思潮开始涌入我国，大学生开始在价值取向和社会主流价值导向上有了差距，一部分大学生开始宣扬自我价值，甚至提倡一些个人主义的观念。党及时看到了这样的变化。因此，党的十二大要求在全国人民中间开展爱国主义、社会主义和共产主义教育，努力培养有理想、有道德、有文化和有纪律的一代新人。在这种精神的指引下，高校展开了对大学生的人生观和价值观教育，积极抵制西方社会思潮对大学生思想的腐蚀。

三是积极重视针对大学生的爱国主义教育。爱国主义教育一直都是我国大学生思想政治教育的一个重要方面。我国各个地区的高校在教育部的要求下积极展开针对大学生的爱国主义教育，运用丰富的教育内容向大学生灌输爱国的重要性，在一定程度上取得了实效。

（3）拓宽大学生思想政治教育的渠道与方式

一是增加大学生思想政治教育的课程。在这个阶段，大学生思想政治教育在党的领导下不断开设适合大学生思想发展的课程，除了恢复以马克思列宁主义哲学、政治经济学等为核心的政治理论课之外，高校还开设了思想品德课，并在学界形成了"两课"的认识。

二是开展大学生社会实践。1978年以后，高校重新把组织学生参加社会活动列入学校教育中，通过社会考察与实践，帮助他们了解国情、民情，了解改革开放的实际，其目的是培养他们的工农感情和艰苦奋斗的精神。

三是开展榜样教育和各种讲座。榜样教育一直都是我国德育的传统方式，通过典型的榜样事迹引起受教育者的共鸣，以激励和感化受教育者仿效榜样的高尚道德情操和行为方式。这一方式在改革开放后也一直被广泛采用。讲座是针对实际社会问题和大学生价值观困惑而确定的一种新型教育方式。许多高校利用这种教育方式开展榜样教育和解惑教育。不少学生在聆听榜样报告的过程中深受感动和启发，对他们科学人生观的树立也起到了一定的推动作用。

2. 1989—2002年：大学生思想政治教育不断加强和改进的阶段

1989年6月，党召开了十三届四中全会，重新确定了大学生思想政治教育工作的重要地位。高校反思改革开放以来大学生思想政治教育工作的问题以后，积极探讨大学生思想政治教育工作战斗力提升的问题，要确立大学生思想政治教育工作在新阶段的地位，在新的工作环境下形成战斗力。在这个要求下，教育系统开展了围绕如何形成大学生思想政治教育工作新一阶段战斗力的工作安排。首先，国家教育委员会要求教师积极提升自身素质，应对大学生思想政治教育出现的各种可能性困难。其次，国家教育主管部门多次要求高校引导大学生积极参加社会实践，强化社会实践中的思想政治教育功能。最后，高校党建作为一个重要渠道开始进入大学生思想政治教育工作中。1990年7月，中共中央发出《关于加强高等学校党的建设的通知》，要求高等学校要坚持社会主义方向，必须加强和改善党的领导，加强党的建设。1992年，我国改革开放和社会主义建设事业进入了一个新的发展阶段。与此相应，20世纪90年代大学生思想政治教育作为一种相对独立和完整的教育形态也进入了一个新的发展时期。这个时期环境变得更加复杂，不仅国际局势多变，国内也开始随着社会主义市场经济体制的发展而进入新的阶段。人们在思维方式、思想观念、价值取向、人生态度等方面发生了一系列变化。大学生思想政治教育工作开始得到扭转和加强，改革的步伐得以加快，一些新的思路开始融入大学生思想政治教育工作中。总体而言，大学生思想政治教育工作在这个阶段主要具备以下两个方面的特征。

（1）大学生思想政治教育开始向纵深发展

高校德育体系应实行整体规划，在内容上确立将邓小平提出的建设有中国特色的社会主义的理论融入高校马克思主义理论教育中；对大学生进行深入持久的爱国主义、集体主义和社会主义思想教育，开展中华民族优良道德传统教育，增强其适应时代发展和社会进步的能力，培养其符合社会主义市场经济体制需要的素质。1994年9月，党的十四届四中全会通过《中共中央关于加强党的建设几个重大问题的决定》，明确把学校党建纳入执政党建设的范围，把培养"四有"人才列入高校党建的目标。1995年，《中华人民共和国教育法》颁布，从法律的层面确立了教育的宗旨和教育的基本方针，确立了教育的目标，要求国家针对受教育者展开爱国主义、集体主义、社会主义的教育，进行理想、道德、纪律、法制、国防和民族团结的教育。同年11月，《中国普通高等学校德育大纲（试行）》（以下简称《大纲》）正式推出，该《大纲》对高校德育的各方面内容作出了明确规定，标志着大学生思想政治教育步入法理化、自主化的全新时代。1997年以后，中央对高等学校又作出了新的要求，明确提出将邓小平理论作为大学生思想政治教育的内容。

（2）大学生思想政治教育从内容到形式都呈现出新气象

随着社会的发展和大学生群体个性的逐渐凸显，传统的大学生思想政治教育模式面临着新的挑战。为了更好地适应学生的需求和引导他们的发展，学校、院系等教育机构需要不断探索和创新大学生思想政治教育的新模式、新途径和新方法。各个高校积极地进行课程体系构建，一方面帮助学生树立正确的世界观、人生观、价值观，帮助他们正确认识当代世界政治与经济；另一方面设置与国家发展轨迹相关的课程，主要包括《毛泽东思想概论》和《邓小平理论概论》，帮助大学生在马克思主义基本理论的基础上，认识我国的国情，掌握适合我国国情的马克思主义理论。各个高校还注意到了校园文化在大学生思想政治教育中的重要功能，校园文化在大学生思想政治教育中的功能以各种形式得到发挥。社会实践在党和国家的要求下得到了高校的重视及大力推行，要求大学生主动走出校门，以实践来磨砺自己和检验自己。心理咨询是新的时代背景下大学生思想政治教育描绘的又一张蓝图。心理咨询可以从心理层面切实解决学生的疑惑，对于大学生成长来说具有十分重要的意义。教育部意识到心理干预的重要性，于2001年颁布《关于加强普通高等学校大学生心理健康教育工作的意见》，对高校心理咨询作出了规范性的要求。在实践发展过程中，很多高校认真总结和反思，归纳了许多有效提升思想政治教育实效性的方式方法，提出了思想政治教育进入社团、进入班级、进入宿舍等方面的要求。各地党委和政府也在此基础上做了很多工作。

3. 2002—2012年：大学生思想政治教育深入发展阶段

2002年，党的十六大顺利召开，大学生思想政治教育开始进入新的历史阶段。在这个阶段，高校以"三个代表"重要思想为指导，重新规划了党的思想政治教育工作，提出了全面建设小康社会的新任务、新要求，以及建设与之相应的大学生思想政治教育制度管理体系。在此之后，中央多次召开工作会议研究部署全国高校思想政治工作规划，形成了全党、全社会合力推进大学生思想政治教育的强势。总之，在2002—2012年这个阶段，大学生思想政治教育工作被放到了全局性和战略性的位置。在2002—2012年的十年中，大学生思想政治教育工作在内容上实现了进一步的深化。首先，党把"三个代表"重要思想和科学发展观融入大学生思想政治教育工作中，对高校党建理论课、校园文化等渠道作出了重要指导。其次，党在思想政治教育建设过程中提出了明确的要求，提出了社会主义核心价值体系，明确了民族精神、时代精神在思想政治教育中的重要作用。社会主义核心价值体系的提出对于大学生思想政治教育的内容完善具有重要意义。一方面社会主义核心价值体系具有统驭作用，将社会发展中重要的思想道德素质凝聚起来，使人们认识到各个思想道德素质之间的联系和对社会发展的作用。另一方面社会主义核心价值体系是对人们所具有的思想道德素质的最低要求。在技术方面，2002—2012年这十年中教育技术有了重大的突破，多媒体技术开始应用于大学生思想政治教育中。多媒体技术对于大学生思想政治教育实效性的提升具有重要的意义。大学生可以通过音视频、文字、图片等多种方式了解到中国革命建设的历史，认识并理解马克思主义基本原理。

4. 2012年以来：大学生思想政治教育的创新发展阶段

2012年，新一任的国家领导力量开始了对中华人民共和国的领导，在这一任领导集体的领导下，大学生思想政治教育工作步入了新阶段。

（1）以习近平同志为核心的党中央领导集体对大学生思想政治教育工作表示了高度关切

习近平总书记要求高校要成为思想政治教育的一个重要阵地。在今后的工作中，高校要坚持阵地意识，做好马克思主义研究，增强政治使命感。大学生思想政治教育工作还要注意创新。习近平总书记指出，当前阶段的宣传思想工作创新比以往任何时候都要重要。大学生思想政治教育工作要坚定政治立场，把握时代发展的变化，创新方式方法开展大学生思想政治教育工作，使思想政治教育工作更接地气、更顺应时代、更有成效。在习近平总书记的指导下，大学生思想政治教育工作积极创新，将传统文化和社会主义核心价值观引入大学生思想政治教育内容体系中，在技术上积极开拓互联网思想政治教育平台，建设高校互联网思想政治教育阵地，对于网络上的一些错误思想进行猛烈抨击。

（2）大学生思想政治教育工作继续开展制度创新

各地高校在现有的制度框架下继续扎实推进大学生思想政治教育制度的创新工作。在新的制度体系下，高校积极提升思想政治教育工作的实效性，在班级建设、公寓建设、社团建设中积极落实思想政治教育制度。

（3）高校积极推进学生辅导员队伍建设，扎实在班集体中落实大学生思想政治教育工作

各高校积极落实辅导员队伍建设制度，将工作做到实处，根据学生的需要具体展开工作。辅导员作为大学生思想政治教育工作者中的重要组成部分，具有更深入、更全面地了解学生的优势。他们与学生的接触更为密切，能够更好地观察和了解学生的思想、情感和需求。辅导员的工作越细致，越能够根据学生的特点和需求提供个性化的帮助和引导。大学生思想政治教育工作在这个阶段最明显的趋势可以概括为两点。

第一，大学生思想政治教育工作阵地建设工作将会从学校逐渐走向网络和社会。高校作为新思想的发源地，对于社会思想建设负有重要责任。在党的领导下，大学生思想政治教育将会走向网络、走向社会。网络阵地建设的作用已经初显，大学生思想政治教育机构已经建设了适用于电脑网络和移动网络的红色宣传网站和思想政治教育网站，在思想宣传方面起到了重要作用。今后，大学生网络思想政治教育工作还会走向新的发展阶段，实现大学生思想政治教育工作微型化且更有针对性。高校已经建立了庞大的思想政治教育人力资源队伍，这支队伍具备进行有针对性的网络思想宣传的素质。他们能够根据社会发展的实际情况对大学生开展网络思想政治教育，对于错误的网络言论及时采取措施，从而引导社会思想的发展动向。

第二，信息技术在大学生思想政治教育工作中的作用是非常重要的，这一趋势在今后的发展中将持续增强。随着云计算、大数据、人工智能等信息技术的快速发展，它们为大学生思想政治教育工作提供了更多的可能性和机会。

二、大学生思想政治教育的发展规律

（一）双向互动规律

双向互动规律是指在大学生思想政治教育工作中，教育者和受教育者进行思想、信息和情感的双向交流，产生交互作用的规律。无论是大学生思想教育工作者还是大学生，都是具有一定社会意识和行为活动能力的人，都具有主体性。就施加教育而言，两者的主客体身份是确定的；而就接受教育而言，两者的主客体身份又发生了调换。大学生思想教育工作者的主体性体现为大学生思想教育工作者在教育活动中的主导性，大学生的主体性体现为大学生在教育活动中的主动性。而大学生思想教育工作者主导作用的发挥离不开大学生主动作用的发挥。没有大学生主动作用的发挥，大学生思想教育工作者所传授的教育内容就不可能为大学生所接受，也就不能实现预期的教育目标。大学生主动作用的发挥也离不开大学生思想教育工作者主导作用的发挥。离开了大学生思想教育工作者的主导，大学生的主动也就会变成"盲动"。

（二）内化外化规律

大学生思想政治教育内化外化规律是指大学生思想政治教育活动是教育者有

目的、有计划地根据社会发展并基于大学生思想政治素质的发展要求，帮助和引导他们实现内化和外化的过程。内化是基于社会价值标准将大学生思想政治素质的发展要求转化为大学生自身的认识、观念和情感的过程；外化是指大学生将已经内化的思想、观念和情感转化为具体的行为表现和行动习惯的过程。通过外化，大学生能够将内在的认识和观念体现在日常行为中，逐渐形成良好的行为习惯和行为方式。内化和外化是密不可分的，它们相互依存、相互联系。只有将正确的思想和认识通过外化的过程呈现在行为中，才能真正体现出大学生的思想政治素质。

（三）塑造和改造统一规律

塑造和改造统一规律是指大学生思想政治教育的过程是塑造教育和改造教育共同存在、相互联系的过程。塑造教育和改造教育是两种教育方式。在大学生思想政治教育过程中，前者重点培养大学生新的、正确的思想政治素质意识和行为。后者是指在塑造教育基础上，针对大学生现有的思想和行为存在的不足或错误，通过教育和引导对其进行改造。这种教育强调对大学生现有观念和行为的批判和反思，指导他们对错误和不良习惯进行改正和调整，促使他们不断提升自己的思想品质和道德素养。塑造教育和改造教育并非相互独立的过程，而是相互联系、相互渗透的。塑造是改造的前提，改造是塑造的延伸。在大学生思想政治教育中，通过对大学生的塑造，可以使他们形成正确的思想和行为习惯；而通过改造教育，可以检验和完善塑造的效果，帮助大学生不断调整自身的思想和行为表现。

（四）协调控制规律

协调控制规律就是指在教育过程中，教育者既要协调各个方面、各种类别、各个阶段的自觉影响，又要努力控制各个方面、各种类别、各个阶段的自发影响，实现协调自觉影响与控制自发影响的辩证统一。大学生思想政治教育过程既是学校、家庭、社会等教育主体从不同方面对大学生施加自觉影响的过程，也是各种社会信息、社会现象影响冲击大学生的认识，对大学生的思想政治素质产生自发影响的过程。提高大学生思想政治教育的实效性，要求我们必须坚持协调自觉影响和控制自发影响的辩证统一。

第三节 大学生思想政治教育中存在的机遇与挑战

随着改革开放继续深化，经济全球化、文化多元化的趋势越来越明显，这在很大程度上促进我们国家许多方面的发展和繁荣，给高校思想政治教育工作带来了机遇，相应地也带来了前所未有的挑战。

一、大学生思想政治教育面临的机遇

（一）经济全球化带来的机遇

在经济全球化进程中，资本、技术、人才等各类要素在全球范围内流动，推动了经济、政治、文化的深入交流。大学生以各种形式与途径参与经济全球化，增长了对世界其他国家发展现状的直观认识，开阔了大学生的国际视野。国与国之间经济、文化、科技交流与学习，使得大学生有机会、有条件对比中西发展道路、理论、制度、文化，了解各自的发展优劣，有利于增强大学生对中国特色社会主义的道路自信、理论自信、制度自信、文化自信。

经济全球化有利于增强中国特色社会主义道路自信。当前，中国经济总量跃居全球第二，综合国力大幅度提升，对比西方国家近年来的发展状况，尤其是2008年美国次贷危机以来，西方国家经济发展与社会治理所面临的各种困境，反观中国经济快速发展所取得的成果，能够增强大学生对中国特色社会主义道路的自信。可以说，中国走出了一条不同于西方却更加成功的现代化之路，并取得了巨大的成就。这条道路的成功，开启了多元化发展道路的时代，是对人类社会发展规律的新探索，为全世界特别是广大发展中国家提供了一条可资借鉴的发展道路。历史和实践雄辩地证明，西方现代化道路并非放之四海而皆准的"普世道路"，中国特色社会主义道路符合中国国情，指引中国人民走向繁荣富强，增进人民的福祉，为破解人类面临的共同难题提供了"中国方案"。无疑，中国的崛起使得大学生更加坚信中国特色社会主义道路的正确性。

经济全球化有利于增强中国特色社会主义理论自信。经济全球化使得现代中西方理论能够放在一起充分比较，以此发现优劣之处。大学生认识到自由主义、民主主义这些曾经作为探索中国发展道路的西方理论方案行不通，通过对40余

年来中国改革开放取得的成果的认识，以及对比世界其他发展中国家发展的现状，大学生认识到中国特色社会主义理论体系指导中国人民走改革开放之路，具有科学性、人民性和开放性，为当代中国指出正确的发展道路和方向，迎来了中华民族伟大复兴的光明前景。特别是党的十八大以来，习近平总书记站在时代发展和战略全局的高度，在改革发展稳定，内政外交国防、治党治国治军等方面发表了一系列重要讲话，形成了一系列治国理政的新理念新思想新战略，深刻回答了党和国家发展的重大理论和实践问题，为理论自信增添了新的底气。这坚定了大学生对中国特色社会主义理论的自信。

经济全球化有利于增强中国特色社会主义制度自信。中西不同国别的交流，为大学生开展制度比较研究提供了机会。通过比较各国的社会制度，大学生能够认识到中国特色社会主义制度是历史的选择、人民的选择，是中国共产党领导中国革命、建设和改革的经验智慧结晶，是当代中国立足国情、继承传统、人民至上、包容互鉴、求同存异的最新成果。大学生认识到西方的自由民主制度虽然曾推动了历史的发展，但也充满弊端。西方自由民主制度并不完美，也绝不是人类社会制度的终结。中国特色社会主义制度经历了实践检验，显示出巨大优势，随着时间推移，它独特的世界性价值正赢得越来越多世人的认可。显然，经济全球化提供了便利的条件使得学生能够进行比较研究，能够发现和认识到中国特色社会主义制度的科学性、优越性、先进性。

经济全球化有利于增强中国特色社会主义文化自信。经济全球化促进了我国文化繁荣发展，丰富了人民群众的文化生活，加快了我国文化对外传播。中西文化交流更加频繁，各类书籍、期刊、报纸日益丰富。尤其是在互联网快速发展的条件下，大学生通过电脑、手机等电子设备得以充分了解西方文化。通过学习和对比，大学生能够认识到中国特色社会主义文化既传承了中华优秀传统文化的精粹，又吸收了西方先进文化的养分，还继承和发扬了中国共产党创造的革命文化和社会主义先进文化；能够认识到中国历史文化传统和国情有着独特性，中国特色社会主义文化发展必须走独立自主道路，不能照搬照抄西方自由民主文化，探索中国社会发展道路不可能脱离特定的历史条件和文化传统。经济全球化给中国特色社会文化对外传播提供了条件和平台，提高了中国特色社会主义文化的对外影响力，彰显了中国特色社会主义文化的价值。随着经济全球化推进、文化多样化深入发展，大学生对中国特色社会主义文化在世界范围内的影响力有了全新的认识，增强了中国特色社会主义文化自信。

（二）社会主义市场经济带来的机遇

社会主义市场经济不断地改革与发展，公平竞争意识、自由平等意识、民主法治意识等观念进一步深入大学生心中。社会主义市场经济使得受教育者的主体地位明显提升，师生之间的互动性得以加强，大学生分析与解决问题能力得以提升，有更多的机会把理论与实践相结合，教育者和受教育者共同参与度逐渐提高，有利于更好地开展思想政治教育。

社会主义市场经济有利于增强师生之间的互动。在社会市场经济地位没有确立以前，尤其是在计划经济时代，思想政治教育方法较为单一，主要是教育者向受教育者灌输理论，受教育者处于被动地位，教育者和受教育者之间的地位不对等。而当市场经济中的平等、自主、参与、竞争等意识深入人心后，当代大学生的主体地位意识也随之显著增强，受教育者在学习中更愿意突出自己的地位，更希望与教师开展互动，更乐于把自己的观点在课堂上进行分享。在教学活动中，学生的参与性、积极性、需求性也较高，思想政治教育的第一课堂和第二课堂变得更加活跃，这些都增强了思想政治教育的实效性。

社会主义市场经济为大学生提供理论与实践相结合的机会。随着市场经济的发展，经济越加繁荣，大学生越有机会参与市场经济实践活动，并在活动过程中获得大量的学习素材、资料、案例，还能把课堂理论和社会实践相结合，使二者互相作用、互相影响。在课堂学习中，学生能够思考社会中的各类现象和问题，在社会生活中，学生有更多机会把课堂所学知识运用到对现象的分析、对问题的解决上。社会主义市场经济发展提升了大学生分析与解决现实问题的能力，大学生作为受教育者，除了在校园内获得理论知识、科学方法以外，还从与其他公民交往中获得了生活经验、工作技巧、职场能力等素质。总之，市场经济发展使得大学生积极参与市场活动的意识显著提高，他们的分析与解决问题的能力得到了整体性的发展。

社会主义市场经济为思想政治教育提供了物质基础。思想政治教育活动作为教育活动的有机组成部分，需要赖以生存和发展的物质基础，经济越发展，人民的生活水平越高,大学生越有信心学习和参与思想政治教育活动,对国家制度、党的政策认可度越高,思想政治教育效果越佳。反之,如果经济发展停滞不前甚至持续下滑,人民的生活得不到保障,大学生就业率低,失业严重,学生就越没有动力和信心学习及参与思想政治教育活动,只会关注与就业有关的专业知识,对于政治理论课漠不关心,思想政治教育活动开展的效果就会越来越差。社会主义市场经济的发展使得社会物质产品、精神产品极大丰富,增强了大学生对生活的信心和对未来共产主义美好社会的信念。社会主义市场经济发展为思想政治教育创造了不可或缺的物质基础,其创新驱动等因素为思想政治教育活动带来了新的生命力。

(三)新科技革命带来的机遇

当前,科学技术发展日新月异,新科技革命以信息技术的广泛应用为标志,数字化、网络化、信息化成为社会经济发展的总体趋势。新科技革命使获得信息、接受教育、传播文化更加便捷,在这种背景下,大学生使用互联网了解、参与政治,思想政治教育工作者运用科技手段开展工作。新科技革命为思想政治教育带来了前所未有的发展优势和机遇,从空间和载体上得以拓展,对思想政治教育产生了深远的影响。

科技成果的广泛运用为思想政治教育教学提供了创新的手段和方法。将科技手段应用于思想政治教育活动中,可以丰富教学资源和内容,提供更多的教学方法和工具,提升思想政治教育活动的时效性和实效性。在思想政治教育教学领域,各类多媒体设备、电脑、移动终端设备以及各种应用程序和在线平台的快速发展,为教学提供了极其便利的手段,极大地改变了传统的板书和课本讲授方式。各类多媒体设备如投影仪、电子白板等可以将课件、图片、视频等内容直接展示给学生。这使得教师能够利用丰富的视觉和听觉资源,生动地呈现教学内容,激发学生的学习兴趣,提高教学效果。各类移动终端设备以及相关应用程序和在线平台,如各类网站、App、微博、微信、慕课等,提供了更多的学习资源和互动方式。学生可以通过电脑或移动设备随时随地获取教学资料,扩展学习内容,进行在线交流和讨论,参与互动式教学。这些科技工具和平台为思想政治教育教学带来了许多益处。它们能够使教学内容更加生动形象、易于理解和记忆,增强学生的学习动力和参与度。同时，学生可以根据自己的兴趣和需求，选择合适的学习资源和教学方式，实现个性化和差异化教学。

互联网的创新发展丰富了高校思想政治教育的载体，为大学生政治参与提供了更多的机会和渠道。通过互联网，教育者可以传播教育资源，学生可以参与政治讨论和表达自己的观点。大众传播媒介的普及使得公众能够更有效地监督政府和表达诉求。通过电视、广播、互联网等媒体平台，公众可以获取丰富的信息资源，了解政府的工作、政策和决策过程。同时，公众也可以通过互联网的社交网络、微博、论坛等平台表达自己的观点和意见，参与公共讨论，对政府的决策产生影响。信息技术的普及也提高了公民的科学文化素质，使其更具参政能力，更能够理解复杂的政治问题。互联网科技革命催生了许多网络平台，这些网络平台成为当代大学生进行网络活动的重要场所。互联网平台上充斥着各种政治观点和时政信息。不同的社交媒体平台、论坛、微信朋友圈等都成为大学生获取政治知识和见解的重要来源，不同类型的文章和帖子的阅读量也进一步反映了大学生在政治知识和观点获取方面的机会日益增多。在互联网平台上，学生可以接触到来自不同领域、不同立场的社会评论、政治见解、经济分析、热点探讨等内容。这有助于学生了解多样化的观点，并从各个角度审视问题。通过在互联网平台上阅读和参与讨论，大学生可以接触到各个领域的知识和观点，了解社会热点问题，扩展自己的思维。这种多元化的信息流动和观点交流，有助于培养大学生的思辨能力、批判意识和辩论技巧。

科技生活方式的变革拓展了高校思想政治教育的空间，并对大学生的学习与生活方式产生了深远的影响。互联网科技改变了大学生之间的交流方式和互动关系。传统的面对面交流被互联网和社交媒体所补充，大学生可以通过在线平台进行实时的交流、讨论和分享。这为他们提供了更广泛、便捷的交流渠道，促进了信息的流通和知识的共享。通过互联网科技，每个个体都能够与其他个体相互关联，通过交往和结合，个体的力量变得更加强大。在互联网时代，个人可以通过社交网络和在线社群组织起来，形成利益共同体或者合作伙伴关系，共同推动某个议题或目标的实现。个体的力量通过网络的连接和互动，得到了汇聚和放大。互联网科技带来了大数据的处理和分析能力，通过挖掘大数据和跨界合作，可以为大学生和教育者提供更多的信息和资源，并能更好地理解和满足学生的需求。

随着互联网的普及，思想政治教育活动的空间得以拓展，深入社会各个领域，波及社会各个阶层。国家的电台、报纸、电视、移动客户端出现到互联网上，人们在手掌上即可观看各类新闻资讯，现在，通过主流媒体或报刊的电子版、微信公众号、移动客户端，就可以看到时政快讯、时事评论。这在互联网深入千家万户之前是不可能实现的。伴随互联网的普及，思想政治教育活动得以拓展其空间，大学生得以实现政治认知与参与。新科技革命催生的互联网尤其是移动互联网的时代，一种新的生活方式不断地拓展思想政治教育的空间，思想政治教育效果产生了质的飞跃。可见，新科技革命为思想政治教育的发展带来了前所未有的历史机遇。无论是互联网、信息技术，还是数字化，都在助力受教育者自身素质的提高方面发挥了重要作用，同时使教育者能够便捷地运用新科技革命成果开展思想政治教育活动。此外，科技革命在创新思想政治教育手段、丰富思想政治教育载体、拓宽思想政治教育空间方面发挥了无可估量的推动作用，有力地推动了思想政治教育活动持续发展。

二、大学生思想政治教育面临的挑战

首先，经济全球化使得世界各国的思想、文化和价值观交流更加频繁，学生更容易接触到外来的思想和观念。这为思想政治教育提供了更多的参照物和比较基准，但也可能对中国特色社会主义道路、理论、制度和文化的认同带来了一定的冲击和挑战。其次，在经济全球化进程中，一些负面的价值观念和行为现象可能对大学生的思想倾向和行为习惯产生影响。思想政治教育需要面对这些挑战，引导学生正确理解社会变革，使学生形成正确的价值观和道德观念。另外，以互联网广泛应用为代表的新科技革命加大了思想政治教育的引导和疏导难度。互联网上存在着大量信息碎片化和信息混乱的问题，学生容易受到虚假信息、谣言和不良信息的影响。最后，高校思想政治教育工作存在的问题也制约了高校思想政治教育的发展。例如，一些学生对思想政治教育的兴趣不高，缺乏对政治理论和思想文化的认同和了解。教育体制和机制也存在问题，如课程设置不合理、教育资源分配不均等。科学认识大学生思想政治教育面临的挑战是加强高校思想政治教育的关键。

(一)经济全球化带来的挑战

在推进对外开放与融入经济全球化过程中,西方的社会思潮、意识形态、错误价值观涌入国内,西方文化必然与中国特色社会主义主流文化发生碰撞,对高校思想政治教育构成了新挑战,主要表现为经济全球化影响了大学生对中国特色社会主义道路、理论、文化的认同。

经济全球化影响大学生对中国特色社会主义道路的认同。经济全球化给中国特色社会主义道路带来了挑战。与国际经济发展相接轨,搭上经济全球化的高速列车,在更大的范围和广阔的市场上厮杀竞争。发展是硬道理,别无他途。必须具有更雄厚的经济实力和采取更灵活的发展战略,才能引进更多的技术、资金和经验,发展我国的民族工业和优势产业,充分发挥比较优势,在国际经济舞台乃至政治舞台上自立于世界民族之林。经济全球化背景下大学生对中国特色社会主义道路的认同状况中也存在一些不可忽视的问题,这些问题与社会主义道路认同教育培养目标之间具有一定的矛盾,其具体表现在道路认知水平不足,对社会主义的认识和中国特色社会主义道路的认识还有待提高,对资本主义和社会主义之间的关系不够清晰。另外,在价值观的养成上还存在一定的问题。

经济全球化影响大学生对中国特色社会主义理论的认同。在围绕中国如何改革与发展的过程中,有关政治经济的理论或主张始终存在各种讨论和交锋,在某些时期,意识形态领域的斗争依然激烈。在具有影响力的社会思潮中,既有旧的观念,也有新的观点。这些思潮以各种形式通过互联网、书籍等媒介进行传播,干扰了当代大学生对主流意识形态的认知和理解产生干扰。经济全球化挟裹着各种不同的社会思潮冲击着我国主流意识形态,影响了大学生对中国特色社会主义理论的认同。新自由主义、民主宪政、民主社会主义等思潮在全球范围内具有一定的影响力,对中国主流意识形态构成了一定的冲击。这些思潮提出了不同的政治经济理论和制度模式,对于大学生的思想倾向和观念可能产生一定的影响。这种影响体现在大学生对党和国家的理论、路线、方针、政策的认同和践行上。一部分大学生可能受到其他思潮的影响,对中国特色社会主义理论的认同有所动摇。

经济全球化影响大学生对中国特色社会主义文化的认同。资本主义企业文化和商品文化的渗透使得国内消费观念趋向于物质享受和个人满足,对传统的价值观和文化观念产生了一定的冲击,同时西方文化的影响也使得一部分大学生对海外文化过分迷恋，削弱了大学生对民族传统文化和社会主义文化的认可程度。不仅如此，随着中国对外开放的不断深化，一些有政治意图或宗教背景的境外组织也在增多，一些资本主义国家的中文媒体对华影响也在增大，影响了部分大学生对中国特色社会主义文化的认同。

（二）经济社会转型带来的挑战

经济社会转型过程中出现的问题对高校思想政治教育构成多重挑战，主要表现为社会环境变迁带来了新的社会问题和多样化的价值观念，各类民生问题给思想政治教育带来难题，多元价值观挑战社会主义核心价值观。

社会环境变迁带来了新的社会问题和多样化的价值观念，这使得思想政治教育需要关注和解决更加复杂的问题。当代大学生所处的社会环境与以往大为不同，社会性因素导致大学生价值取向发生变化、偏移。经济社会转型过程中社会大环境的变化、变迁不断产生消极因素，进而感染、波及、影响大学生。在社会环境变迁的影响下，在大学校园里，学生来自经济收入水平和职业背景不同的家庭，他们的价值观念和行为习惯也存在较大差异。这些差异可能导致学生之间存在一定的隔阂和价值观念冲突，出现大学生价值追求多样化的现象。

各类民生问题给思想政治教育带来难题。随着社会的发展，加之区域因素、政策因素的影响，各类民生问题不断产生。当前，我国经济发展进入新常态，民生问题既是经济问题、社会问题，又是政治问题。我国经济社会转型期的民生问题，是国家和政府要面对的重要问题，反映着党和政府落实以人民为中心的思想和治国理政理念。突出的民生问题给思想政治教育带来难题，财富分配不均、利益格局调整，社会结构分化、社会矛盾突出，这些关乎生存的民生问题有待高度重视并逐步解决。民生问题解决得好坏，直接体现党的执政能力、执政水平是否到位和执政地位是否稳固。

多元价值观挑战社会主义核心价值观。在我国社会主义市场经济的发展过程中，资产阶级的自由主义、个人主义、享乐主义、利己主义、民主主义等价值观不断冲击、挑战社会主义核心价值观，对社会发展产生负面影响。这些资产阶级价值观对大学生的世界观、人生观、价值观的形成产生不良影响，误导他们做出不当行为。价值观多元化的趋势对大学生社会主义核心价值观培育工作构成极大的挑战。对思想政治教育来讲，无疑加大了其复杂性、难度与挑战。随着我国经济社会转型的深入推进，多元化价值观将对部分大学生的世界观、人生观、价值观产生较大的影响。

（三）新科技革命带来的挑战

新科技革命在推动社会经济发展的同时，也给高校思想政治教育发展带来了新的挑战。在新一轮科技革命中，互联网影响深远、势不可当。互联网引起数据革命，数据革命给人类社会带来的变革将更为彻底、更为激烈、速度更快、机遇更多、风险也更大。信息化、网络化加大了思想政治教育引导与疏导难度，复杂化的网络内容挑战大学生甄别信息的能力，依赖网络的行为习惯也给错误思潮以可乘之机。

信息化、网络化加大思想政治教育引导与疏导难度。移动互联网等新媒体发展迅速，给信息的获取、传播带来了极大的便利，大学生使用互联网浏览新闻、发表评论、互动跟帖，没有时空的限制与约束。

自媒体平台出现之后，加之网络缺乏审查主体，法律法规和监管不到位，对各类文章的审核、审查缺位，文章只要不赤裸裸地违法，一般就能在网上传播。所以，我们经常看到各类文章在网上大行其道，宣传错误价值观、意识形态、政治观念，加大了思想政治教育引导与疏导难度。

复杂化的网络内容挑战大学生甄别信息的能力。互联网为信息发布与共享提供了畅通的渠道，成了人们获取各类信息的工具，尤其是近年来移动终端设备的发展带动了移动互联网的飞跃发展。大学生使用手机畅游移动互联网获取各类信息，由于他们处于理论知识的学习阶段，知识体系和思维方式处于积累过程中，对社会缺乏深入的认知和理解，尚未形成一套成熟的知识系统与思维体系，缺乏对事件和问题的科学分析和辩证看待，在复杂化的网络内容面前，难以完全分清与剔除负面消息，不可避免地受到互联网的负面影响，这就给错误思想、思潮以可乘之机。

依赖网络的行为习惯给错误思潮以可乘之机。网络上充斥着低级写手杜撰的内容，有些内容违背事实，有些内容生搬硬套，有些内容纯粹为了商业利益吸引眼球。具有特定政治目的的文章可能会有各种华丽的包装形式，通过网络等渠道传播给大学生，甚至影响他们对事物的判断和对课本内容的态度。过度依赖网络可能使大学生暴露于信息碎片化和信息混乱的环境中，这些内容可能包含错误的政治观点，导致大学生的思想认同和判断能力受到不良影响。在信息爆炸的时代，学生需要具备批判性思维和辨别能力，以便能够分辨真实和虚假的信息，避免被误导。

第四节　新时期大学生思想政治教育的特点和任务

一、新时期大学生思想政治教育的特点

（一）思想政治教育的政治性

作为社会主义制度国家，我国思想政治教育的政治性表现在三个方面：一是维护广大工人阶级的利益。广大工人阶级是社会主义事业的重要基础和中坚力量。他们是劳动者，是创造财富和推动生产发展的主体。二是巩固社会主义制度。思想政治教育是使我国改革开放和现代化建设沿着巩固社会主义制度的方向发展的保证，使我国社会主义制度得到巩固和发展。这就要求我们深刻认识和把握中国特色社会主义制度的本质和特征，坚持党的领导、人民当家作主和依法治国的有机统一，大力促进经济、政治、文化、社会、生态等各方面制度的创新、发展和完善。三是宣传党的纲领、路线、方针和政策，维护民主集中制和党的纪律，坚持思想建党和制度治党相结合。思想教育要突出重点，加强党性和道德教育，引导党员、干部坚定理想信念，坚守共产党人的精神追求。党员、干部必须认真学习马克思列宁主义、毛泽东思想、邓小平理论、"三个代表"重要思想、科学发展观，特别是习近平新时代中国特色社会主义思想，自觉用贯穿其中的立场、观点、方法武装头脑、指导实践、推动工作，始终不渝地为中国特色社会主义共同理想而奋斗。

习近平总书记在全国高校思想政治工作会议上强调，意识形态工作是党的一项极端重要的工作。[1]思想政治教育是意识形态工作的一个方面，大学生是人民群众中最具生命力和创造力的一个群体，高校要把思想政治教育工作摆在更加突

---

[1] 李晓燕. 意识形态工作是党的一项极端重要的工作 [EB/OL]. （2018-08-17）[2023-3-23]. http://www.china.com.cn/opinion/theory/2018-08-17/content_59020371.htm.

出和重要的位置，始终坚持马克思主义的指导地位，夯实实现"中国梦"的思想基础。高校在进行思想政治教育的过程中更应该明确其鲜明的政治性，坚持正确的政治方向，运用马克思主义的立场、观点和方法分析和解决问题，坚定共产主义信仰，牢固树立中国特色社会主义理论自信、制度自信、道路自信和文化自信。

（二）思想政治教育的时代性

随着社会的不断进步和发展，思想政治教育也需要不断进行理论创新和方法创新。这是因为时代的发展对思想政治教育产生了深刻的影响，不同时代的思想政治教育目标、内容和方法也不同。时代的变迁带来了新的社会问题、发展需求和价值观念，这就要求思想政治教育能够及时回应、适应和引导。时代的变革也带来了新的社会矛盾和挑战，如经济全球化、环境保护、社会公平等问题。思想政治教育需要关注时代的变化和发展趋势。社会的经济结构、科技发展、文化传播等方面都在不断变化，这对思想政治教育提出了新的要求。教育者需要紧密关注社会的发展情况，了解当前时代的特点和主要矛盾，结合时代的变化和需要，更新教育内容和方法，使思想政治教育与时代特征相契合。思想政治教育的时代性要求相关工作人员要把握时代发展潮流，体现时代特点，不断地对思想政治教育理论进行创新和发展，使思想政治教育时代性体现在理论和实践的过程中。

此外，高校思想政治教育也要紧跟时代步伐、社会发展的节奏，体现鲜明的时代特征。这一特征主要体现在对当前党的路线、方针、政策及其理论来源和现实依据的及时更新。因此，我国的思想政治理论教育内容必然包括马克思列宁主义、毛泽东思想、邓小平理论、"三个代表"重要思想、科学发展观、习近平新时代中国特色社会主义思想。而这些内容的学习要与当今社会的理论发展保持一致，对大学生理解理想信念教育、爱国主义教育、人生观教育、道德理论教育、生态文明教育等具有现实意义。时代在不断发展变化，社会问题和挑战也在不断涌现，因此，思想政治教育需要关注当前的社会现实，并提供相应的理论知识。只有将理论与实践相结合，让学生了解和分析当下的问题，才能更好地指导他们在实践中的行动和思考。此外，大学生正处于知识学习和成长阶段，他们更愿意接触和学习与自己现实生活相关的内容。如果思想政治教育只停留在抽象的理论层面，可能会显得过于抽象和远离实际，难以引起大学生的兴趣和共鸣。因此，将理论与实践相结合的思想政治教育更具吸引力和说服力。

(三)思想政治教育的科学性

高校思想政治教育的科学性主要体现在以下三个方面。

1. 指导思想要科学

指导思想受制于党的政治路线、思想路线和组织路线。高校思想政治教育坚持以马克思列宁主义、毛泽东思想、邓小平理论、"三个代表"重要思想、科学发展观,特别是习近平新时代中国特色社会主义思想为指导,全面落实党的教育方针,紧密结合"四个全面"战略布局的实际,以理想信念教育为核心,以爱国主义教育为重点,以思想道德建设为基础,以大学生全面发展为目标,解放思想、实事求是、与时俱进、求真务实,坚持以人为本、贴近实际、贴近生活、贴近学生。

2. 内容要科学

内容的科学性体现为理论的彻底性。马克思主义理论体系是高校思想政治理论教育的主要内容,是被实践证明了的科学理论。一方面,作为中国的主导思想,马克思主义理论教育在高校思想政治教育中具有核心地位。同时,随着中国社会和经济的发展,当代马克思主义中国化成果不断丰富和创新,为高校思想政治理论教育提供了新的内容和视角。在高校思想政治教育中,引导大学生树立正确的"三观"也同样重要;另一方面,面对各种消极因素和错误思潮时,马克思主义的立场、观点和方法可以提供清晰的思考框架和科学的分析方法。我们可以运用马克思主义的基本原理,对所面临的问题进行科学的研究和分析。通过深入了解和把握事实、使用逻辑推理和辩证思维,我们可以做出正确的回答和有说服力的辩驳。对于受到不良影响的大学生,我们可以采取摆事实、讲道理的方法来引导他们追求真理。通过向他们传递准确的信息和知识,展示真理的力量和重要性。同时,我们也可以通过与他们进行深入的对话和交流,了解他们的疑惑和困惑,并给予他们正确的引导和启发,使他们意识到真理对于他们个人发展和社会进步的重要性。通过这样的引导,我们希望能够使他们产生对真理的内在需求,并自发地采取符合真理的行动。

3. 方法要科学

每个高校都有其特定的教育目标和特色,不同专业也会有不同的培养目标和要求。在进行思想政治教育时,需要根据不同的学校和专业的特点,灵活选择合适的教育方法和手段。此外,不同年级的学生可能具有不同的思想品德状况并处在不同发展阶段。在教育方法选择上，可以根据学生的年级特点，适时调整教学内容和形式，以满足其成长和发展的需求。另外，每个学生的思想品德状况和生活背景也各不相同。因此，在教育方法选择上，需要根据不同学生的实际情况进行个性化的教育。高校思想政治教育者可以针对不同学生的思想问题进行深入的沟通和引导，帮助他们形成正确的思想观念和价值判断。高校思想政治教育需要根据不同的学校、专业、年级和学生的特点，选择合适的教育方法和手段，使教育更加有效且更具有针对性。

二、新时期大学生思想政治教育的任务

思想政治教育工作是我党的传家宝。为了做好新时期大学生思想政治教育工作，高校有必要继承和发扬党的思想政治教育工作的优良传统，探索新方法，总结新经验，解决新问题，使大学生思想政治教育工作进一步实现科学化的要求，为社会主义现代化建设事业培养更多全面发展的人才，这就是我们研究大学生思想政治教育工作的根本目的。具体来讲，新时期大学生思想政治教育的任务主要包括以下几个方面。

（一）探究大学生思想政治教育工作的规律

掌握科学方法并提高实际效果是大学生思想政治教育工作的重要目标。大学生思想政治教育的对象是大学生群体，其任务之一是通过教育和引导，帮助大学生形成正确的思想意识和正确的价值观。要做好大学生思想政治教育工作，就必须正确认识大学生思想演变规律，有的放矢地去做工作，才能增强针对性和提高时效性。同时，作为一门学科，大学生思想政治教育涉及对大学生群体的思想发展规律、认知方式、价值取向等方面的研究。通过对大学生思想的产生、演变以及影响因素的分析，我们可以更准确地把握和理解大学生的思想特点和需求。在实际工作中，根据研究结果，选择适当的教育方法和策略，针对不同的思想问题进行有针对性的教育引导，以促使大学生形成正确的思想观点和立场。大学生思想政治教育工作者要认真学习、研究大学生思想政治教育这门学科，正确认识和灵活运用大学生思想政治教育工作的规律和方法，使自己的工作卓有成效。

（二）加强大学生思想政治教育工作者队伍建设

为了加强大学生思想政治教育工作，我们需要在人才培养方面加大投入，加强师资队伍的建设，提供培训和专业发展机会，以培养更多的专业人才和专家。同时，要加强制度建设，建立科学的评估和监督机制，以确保工作的科学性、政治性和政策性。大学生思想政治教育工作人员是专业人员，同教师一样都是"人类灵魂的工程师"。

大学生思想政治教育工作者队伍从总体上来说是一支经过考验、值得信赖，大有前途的队伍。但是，由于种种原因，这支队伍在某些方面还不能适应新形势的要求，主要表现在马克思主义理论基础薄弱、文化水平偏低、思想政治教育工作的专业知识储备不足等。加强大学生思想政治教育工作者队伍建设，就应着眼于提高大学生思想政治教育工作干部的思想觉悟和业务素质，造就一大批大学生思想政治教育工作的能手和精通大学生思想政治教育工作的专家，把大学生思想政治教育工作提高到一个新的水平。

（三）加强和完善党对高校工作的领导

党对高校工作的领导主要是政治思想上的领导，这个领导作用是通过强有力的思想政治教育工作实现的。要做好新时期大学生思想政治教育工作，就要适应新时期的任务需要，提高党的各级组织和干部对加强大学生思想政治教育工作的认识，切实把加强大学生思想政治教育工作列入重要议事日程，集中精力，采取得力措施，认真做好大学生思想政治教育工作，加强和完善党对高校工作的领导。

第二章 新时期大学生思想政治教育的重要内容

本章阐述了新时期大学生思想政治教育的重要内容，主要包括四个方面，分别是中国特色社会主义制度认同教育、社会主义核心价值观教育、中国梦教育、"四个自信"教育。

第一节 中国特色社会主义制度认同教育

中国特色社会主义制度的认同是建立在生活在这一制度下的每一个成员对国家政治、经济、文化等相关体系的感受和了解的基础上的。这种认同是对制度的根本含义和理想的充分认识，并给予其更深层次和积极的承认。对中国特色社会主义制度的认同不仅仅是理性上对制度的认可，更是在政治和情感上产生的一种向心力和归属感。这种认同不仅源于对制度运行效果的评价，还涉及对制度所代表的价值观念、目标和意义的深刻理解及拥护。它表达出对中国特色社会主义制度的高度信任和拥护。当人们对中国特色社会主义制度有了更深层次的认识和理解后，他们对该制度的认同将更加坚定和稳定。这种制度认同将促使个体为了实现制度的目标和理想而积极参与到推动社会主义事业发展的各个方面的工作中。作为社会主义事业的继承人和中国未来发展的中流砥柱，当代大学生承载着重要的历史使命。他们不仅在思想上具有活跃性和前瞻性，还是先进文化的引领者和弘扬者。因此，研究当代大学生对我国现有制度的认同具有必要性和典型意义。

一、中国特色社会主义制度认同的基本特点

中国特色社会主义制度认同有其独特、显著的特点，可以概括为"三个统一"。

（一）社会主义制度理念认同、优势认同、发展认同的统一

对社会主义制度的认同，可以分为四个方面：对社会主义体系中根本制度和基本制度的认同，对社会主义社会具体制度和体制机制的认同，对社会主义制度价值原则的认同，对既继承了社会主义制度优势又符合我国国情的独特优势的认同。同时，我们要普遍认识到中国特色社会主义制度的建立及发展是社会主义基本制度与我国具体实际和时代特征相结合的产物。

（二）政治意识性、动态稳定性的统一

中国特色社会主义制度认同是个体政治意识作用的结果，而对这个结果的认识存在着多样性和差异性。不同的社会群体和个体在接受教育、接触信息和参与社会活动的过程中，会产生不同的理解和认同。因此，民众对中国特色社会主义制度的认同存在着多样性和差异性。这种差异性既是挑战，也是机遇。挑战在于如何解决不同人群对制度的认同差异，促进社会的凝聚与和谐。这需要通过教育宣传、交流对话等途径，加强制度认同的宣传与教育，增进人们对中国特色社会主义制度的理解和认同。同时，也要尊重不同群体的特点和需求，保障他们的合法权益，推动制度的不断完善和优化。党的十一届三中全会以来，社会主义制度通过制度改革和政策调整，已经在满足民众各项利益需求方面取得了显著的成果。改革措施和制度安排的推进，让社会主义制度与民众的利益诉求实现了高度契合，进一步加强了民众对社会主义制度的认同。民众感受到制度改革带来的实际利益，这使他们对社会主义制度保持信任和支持。

（三）实践性、社会性的统一

中国特色社会主义制度认同涉及民众的主观意识和政治实践，是民众根据利益和价值需求，在一定思想意识的支配下对制度体系的认知和行为展示。民众的制度认同是在特定社会关系中逐步形成的。在社会关系中，人们通过参与社会实践和社会交往，感受和体验到制度的有效性和合理性，从而逐渐接受和认同中国特色社会主义制度。制度认同是民众历经政治社会化过程的结果，它被视为一种

集体或群体的政治行为，而不仅仅是个体的行为。在制度认同过程中，民众通过参与社会实践和政治生活，逐渐形成对制度的情感、信念和倾向。这种认同是基于民众对现实情况的观察和体验，而这个观察和体验需要基于"现实的人"，通过实践进行。同时，民众作为认同的主体，其社会性也给制度认同赋予了社会性。人们的认同不仅仅是个体的内心认同，还涉及与他人的交流、共享和共同行动。制度认同是在社会关系中形成和发展的，它受到社会和群体影响的同时也能够影响社会和群体。制度同样会因政治实践的不断发展而变革。民众通过政治实践的参与和反思，可以不断审视现有制度的局限和不足，提出改进和变革的需求。政治实践的发展可以推动制度的改革和演进，以适应社会发展的需求和民众的期待。

二、中国特色社会主义制度认同教育的内涵

（一）增强信念、集聚正能量

社会主义制度认同对于坚定中国特色社会主义道路、理论、制度的信念，集聚改革发展力量具有重要意义。这可以归纳为两个方面：一方面，社会主义制度认同有利于民众坚定对中国特色社会主义道路、理论、制度的方向选择。当民众对社会主义制度产生认同感时，他们能够更加自觉地遵循和坚守中国特色社会主义的方向，对中国共产党和中国特色社会主义理论的指导作用表示坚定支持。这可以激发民众参与改革的决心，确保改革始终坚持社会主义方向，推动改革不断深化和发展。另一方面，中国特色社会主义制度认同能够集聚中国精神，凝聚全国各民族的正能量，动员全国各族人民积极参与社会主义现代化建设。当民众对制度体系产生认同感时，他们能够以更加积极的态度和行动投身于社会主义事业中，发挥人民群众的主人翁和首创精神，推动我国各项特色社会主义事业不断蓬勃发展，为实现全面建设社会主义现代化强国的目标提供强大支持和动力。

（二）应对价值取向多元化挑战、化解价值认同危机

在经济全球化背景下，我国社会正面临巨大的转型和加速分化的挑战，同时还面临着来自西方国家的舆论影响。在这种情况下，社会主义制度认同对于宣传社会主义核心价值观，促进民众对社会主义核心价值观的理解和情感认同是非常重要的。社会主义制度是社会主义核心价值观的基础，通过对社会主义制度形成

认同，可以进一步强化人们对社会主义核心价值观的理解和认同。这有助于培养民众的价值观念，引导他们遵循社会主义核心价值观的指导，提升社会的整体道德水平。通过对社会主义制度形成认同，民众可以增强对我国制度的信心，认识到我国的制度有其内在的合理性和优势。这样，民众就能够更加自信地面对西方国家多元价值取向的挑战，既能够认识到其存在的合理性，也能够意识到其中的不合理之处。

（三）维护国家稳定、保障制度体系良好运行

制度认同是现有制度体系稳定运行的重要保障。当民众对现有的社会主义制度体系具有较高的认同感时，他们将更加愿意遵守制度规范和参与社会发展建设。这种认同感可以提高社会凝聚力，促进政治稳定，为制度的顺利运行提供基础。反之，民众对制度的认同减弱，则可能影响到制度的功能和稳固性。因此，国家需要不断完善和改进自身的制度体系，以适应社会发展的需求和民众的期待。同时，提高民众对社会主义制度的认同也至关重要。经济改革和社会转型必然会引发一些矛盾和冲突，只有民众正确对待并有效化解这些问题，才能促进社会的和谐稳定和制度体系的良性发展。加强社会主义制度认同的教育与宣传，能提升民众对社会主义制度的理解和接受程度，有助于解决不同利益群体之间的矛盾、消除社会的紧张氛围，进而推动社会的和谐稳定。社会主义制度认同具有重要的意义，它既是社会主义事业前进的不竭动力，也是社会主义事业发展的精神支撑。社会主义制度认同的重要性体现在其推动社会的和谐稳定和制度体系的良性发展上，同时也是我国社会主义事业发展的不竭动力和精神支撑。

三、中国特色社会主义制度认同教育的实现途径

（一）个体层面：坚定制度认同，牢固树立理想信念

当代大学生作为高等知识分子，是中华民族的未来，更是青年之中的优秀知识分子群体。大学生的整体水平的提高对于国家的现代化建设具有重要的推动作用。当代大学生要实现对中国特色社会主义制度的认同需要做到以下几个方面。

首先，大学生应该深入学习和运用马克思列宁主义、毛泽东思想和中国特色社会主义理论体系知识，树立科学的世界观、人生观和价值观，从而准确理解和

坚定认同社会主义制度，并将其转化为自己的理想信念和实践行动，为国家和社会的发展贡献力量。

其次，大学生应该在意识形态领域树立坚定的制度信仰，即对中国特色社会主义制度的坚定认同和支持。大学生应该认真体验社会主义制度的优势和成就，感受到其对自己和社会的积极影响，从而形成真实、深刻的认同。同时，大学生应该将其理想与制度相结合，以坚定的信念和决心努力工作，为社会主义事业的发展作出贡献。

最后，大学生应该增强个人和社会责任意识。大学生承载着家庭、学校、社会的期望，应该了解自己在社会中的地位和作用，主动承担起应尽的责任。同时，大学生代表着时代的精神和未来的希望，时代赋予他们理想和信念。大学生应该将个人价值与国家和社会的发展相结合，积极投身到实现中国梦的事业中去。

（二）学校层面：进行正面引导，深入社会实践

高校在人才培养过程中具有重要的责任和使命。学校应该完善和丰富教育内容，引导学生积极参与实践活动，并采取创新的教学方法和形式，从而更好地实现高校的人才培养使命和中国特色社会主义制度认同教育的目标。做好中国特色社会主义制度认同教育，首要问题就是要完善和丰富教育内容。

高校领导者与教师应当认识到社会主义制度认同教育的重要性，通过加强领导意识、重视教师队伍建设、制定指导方针和开展相关教育活动等方式，推动社会主义制度认同教育的充实、丰富和完善。这将有利于加深学生对社会主义制度的认同，培养他们的社会责任感和奉献精神。

高校应该加强对中国特色社会主义制度的宣传力度，通过丰富多样的方式让大学生更加深入地了解和熟悉社会主义制度的重要内容。首先，高校可以定期组织举办关于中国特色社会主义制度的讲座、研讨会或座谈会等。邀请专家、相关领域从业者等为学生讲解社会主义制度的起源、特点、优势等方面的知识，并引导学生深入思考和讨论。其次，高校可以组织学生参与头脑风暴式的讨论或小组讨论活动。通过设立讨论课、开展辩论赛等形式，引导学生自主思考、交流，共同探讨社会主义制度的问题和挑战。最后，可以利用校园媒体、社交媒体等多种渠道宣传社会主义制度的优越性。高校可以成立学生新闻社、广播台等机构，定

期推出宣传中国特色社会主义制度和相关政策的报道、专题节目等内容。通过新闻报道、短视频、图文并茂的宣传材料等形式，向大学生传播正面的制度信息，激发他们对社会主义制度深入探索的兴趣。同时，高校要开展形式丰富的大学生走入社会的活动，帮助大学生体验和了解国家制度建设的成果，强化他们对政策制度的信赖与支持。这样，大学生在实践中将更深入地理解和支持社会主义制度，为社会的发展和进步贡献自己的力量。

（三）社会层面：坚持公平正义，同创共同富裕

从社会层面来看，实现社会主义制度认同需要做到以下两点。

1. 完善法律法规

法律法规是确保社会主义核心价值观得到有效贯彻的重要保证。相关法律法规应明确规定社会主义核心价值观的具体内容和要求，为其在社会生活中的落实提供法律依据和操作指南。这样可以保障人民群众的合法权益，促进社会的和谐稳定。同时，我们还需要加强制度的透明性和执行的规范性，确保制度在朝阳下得以贯彻实施。具体做法包括加强对制度执行过程的监督和检查，建立健全信息公开和披露制度，接受全社会和民众的监督，杜绝制度执行过程中的权力滥用现象，提高制度执行的效果和公正性。

2. 继续坚持公平正义，努力同创共同富裕

尽管我国已经确立了以按劳分配为主体、多种分配方式并存的分配制度，但收入差距仍然存在，并且有时候还呈现出扩大的趋势。这种情况如果长时间得不到解决或解决不当，可能对大学生群体的就业积极性产生负面影响，进而影响大学生对社会主义制度的认同，甚至可能影响整个社会的稳定。因此，政府应该采取有效措施来解决收入差距过大的问题，包括完善个人所得税分级制度、实施积极就业政策、加快城乡经济一体化建设等。这样可以缩小收入差距，维护社会公平和稳定，增强大学生对社会主义制度的认同和信心。同时，这也有助于促进社会的可持续发展和长期稳定。

（四）国家层面：全面深化改革，共促稳步发展

从国家层面来看，改革开放、社会公平正义是强化大学生社会主义制度认同的根本方向。

首先，随着经济的发展和生产力水平的提高，社会物质条件得到极大改善，为大学生提供了学习、就业和生活等方面的机会和保障。为了实现经济增长和提高生产力，继续推进改革开放是必要的。改革开放政策促进了经济的快速发展和市场化的进程，为创造更多的机会和资源提供了基础。在推进经济增长和改革开放的过程中，党和政府需要协调好公平与效率的关系，这是社会发展的重要原则。另一方面，为了维护社会的和谐稳定，党和政府需要积极主动地进行利益引导和化解矛盾。建立完善的制度是维护社会各利益相关方权益的重要保障。党和政府应该加强对相关制度建设的巩固和完善，确保制度的公平、公正和透明。此外，社会的发展往往伴随着价值观的多样化和分化。为了实现社会和谐稳定，党和政府需要适当地调控和引导价值观的发展，以促进社会成员形成共同的价值基础和认同。公共利益是广大民众共同享有的利益，包括公共服务、公共资源等。党和政府要加强公共事业建设，提供优质的公共服务，切实保障民众的基本权益和福利。同时，党和政府还需要改进和完善相关的制度机制，确保公共利益的合理分配和使用。

其次，加强社会主义民主政治的各方面建设对于大学生形成制度认同非常重要。一方面，建设社会主义民主政治需要建立健全政治制度和规则，包括法律法规、选举制度、决策程序等。合法性是政治制度和规则的核心基础，它能够确保民众参与政治生活的有效性和公正性。另一方面，实现社会主义民主政治需要注重社会公正和权力透明度的提高。社会公正是指在法律公正和制度公正的基础上，保障公民的平等权利和福利。充分发挥代表机构和民主参与机制的作用，广泛听取和处理民众的意见和建议，能够增强民众对政治制度的认同度和参与度，进一步推动社会主义民主政治的发展。

第二节　社会主义核心价值观教育

一、社会主义核心价值观的内涵阐释

（一）国家层面

百年来，中国社会发展首先以富强、民主、文明、和谐为追求，这也是建设中国特色社会主义道路的基本目标。同时，富强、民主、文明、和谐不仅指明了

国家精神文明建设的方向，也完美连接了中国人民与当今世界人民的价值追求。这充分体现了我们党的道路自信、理论自信和制度自信。从青年大学生的角度来看，倡导富强、民主、文明、和谐有利于他们形成国家统一、民族团结、社会和谐的思想基础，从而使他们坚定政治理想，成为中国特色社会主义伟大事业的合格建设者和可靠接班人，在更高的层次上实现中华民族伟大复兴的中国梦。

（二）社会层面

"倡导自由、平等、公正、法治"，是我国社会主义社会应当追求的理想价值属性的集中体现，也体现了社会主义的首要价值和理想价值追求，进一步推动了社会主义制度的自我发展和自我完善。中国特色社会主义事业建设取得的成绩和改革开放收获的成果，从政治、经济、社会和文化等方面为发展人民的自由平等权利、实现社会的公正法治提供了更为充分的发展条件。

（三）个人层面

"倡导爱国、敬业、诚信、友善"，从道德上规范了我国社会主义公民的行为，充分体现了我国公民的基本价值要求。它涵盖的内容非常广泛，包括社会公德、职业道德、家庭美德、个人品德等方面，体现了中华民族传统美德、中国共产党革命道德和社会主义道德的优秀传统，具有基础性、传承性和广泛性。

二、我国社会主义核心价值观的特征

社会主义核心价值观是以我国社会发展的现实生产关系为基础的，是社会主义意识形态在价值观问题上的根本体现。同时，社会主义核心价值观也融合了过去社会中所有优秀的价值观。现实与历史因素的有机融合，构成了我国社会主义核心价值观特征形成的关键因素。这些特征主要表现为以下几个方面。

（一）人民性

价值观的本质是与社会生产方式相关联的社会意识形态。因此，要在一定社会关系的基础上体现出社会主义核心价值观。或者说，要将社会主义核心价值观和人民联系起来，体现人民的根本利益，反映人民的愿望和要求，这就形成了社会主义核心价值观的一个本质特征——人民性。这个特征也就意味着人民的根本利益和意志是社会主义核心价值观蕴含的基本价值追求。在社会主义社会中，人民的根本利益和意志主要是通过人民在社会关系之中的地位来体现的，具体表现为人民在经济生活、政治生活、文化生活中的地位。社会主义核心价值观在我国的国家性质的基础上强调人民当家作主的社会地位。这一点既说明了社会主义核心价值观的根本特征和方向，同时也反映了社会主义核心价值观对社会生活的指导意义。

社会主义民主政治意识的核心在于，国家的一切权力属于人民，必须受到人民的监督。国家权力必须对人民负责，其最高职能就是维护和保障人民的自由和权利不受侵犯。这一理念在现代社会中具体表现为宪法权利意识，而宪法权利意识的核心内容是公民宪法权利的神圣不可侵犯性。这正是社会主义核心价值观人民性的本质所在。

（二）科学性

社会主义核心价值观注重将价值观的理论和我国发展的实际要求结合起来，在重视我国社会生产力发展的基础上指导社会建设。因此，社会主义核心价值观是对社会发展规律的正确认识，是一种科学的价值观。

正确把握社会主义核心价值观的科学性特征，首先要从我国社会建设的客观性要求出发，即以社会建设的客观事实作为价值判断的根据。客观事实是不断发展变化的，价值评价标准也要不断发展变化。一方面，我们尊重历史，以各个地区价值观发展的历史为依据提炼出价值观。另一方面，我们观察时代，以社会发展的时代创新观念为根据对社会主义核心价值观进行再次凝练。我国一直重视对社会价值观的凝练。当前的社会主义核心价值观就是在这个基础上形成的。

（三）民族性

社会主义核心价值观是建立在中华民族传统文化深厚基础上的，因而具有鲜明的民族特色。这一特征使社会主义核心价值观充分反映出各族人民的根本利益，得到各族人民的一致认同，成为共同的精神财富。

在社会实践中，我们要坚持社会主义核心价值观的民族性特征。首先，我们要做到传承和创新我国的优秀文化传统，建设好中华民族的共同精神家园。中华文化是我国社会持久发展的不竭动力，我们要开发并利用中华民族的优秀文化，使之与我国社会建设紧密配合。其次，我们要全面认识和科学对待传统文化。对于传统文化中的内容，我们不能依据自己的需要断章取义，做出错误的解读。这是对古人的不尊重，也是对现代人的欺骗。我们要深入理解古代文化的微言大义，避免粗浅的理解。同时，我们要用批判的眼光对待传统价值观的内涵，以马克思主义的态度对其进行重新解读。我们要反对民族虚无主义，树立以中华民族精神为核心的民族自信心与自豪感。面对西方社会思潮的负面影响，要将西方社会思潮与我国的文化结合起来，确立我国社会文化对西方社会思潮的统领作用。同时还要反对民族文化复古主义，对我国的传统文化采取分析批判的态度，取其精华，去其糟粕。只有这样，才能使民族文化统领西方社会思潮，发挥其对时代的作用。

（四）开放性

社会主义核心价值观在秉持民族性特征的同时，还坚持了开放性。其实，开放性也是中华文化的一个重要特征。五千多年来，中华文化容纳了佛教文化、伊斯兰文化等一些世界上重要的文化类型。而在当今社会，中华民族继续保持着开放的态度，积极借鉴人类文明一切优秀成果，博采众长，为我所用。因此，社会主义核心价值观既体现了中华传统价值观的民族性，又展现了与时俱进的开放性，是当代价值观的重要组成部分。

从开放性特征的角度，社会主义核心价值观至少有三个方面的内容值得研究。首先，社会主义核心价值观是一个开放的体系，它不断根据时代发展更新自身的理论内涵与思想外延。举例来说，社会主义核心价值观中的道德观念不仅要求人们在现实生活中友善相处，也要求人们在网络空间中文明交流。这说明社会主义核心价值观已经把网络生活容纳到规范之中。其次，社会主义核心价值观的开放性是社会主义意识形态包容性的重要体现。中华人民共和国成立以来，我国精神文化建设就坚持"双百"方针，即在百花齐放、百家争鸣的基础上寻求文化发展的核心规律。这一要求也体现在社会主义核心价值观之中：它既坚持社会主义意识形态的主导地位，又吸收其他价值观的优秀成果；它既引领着其他价值观的发展方向，又不断适应社会的发展变化。最后表现在社会主义核心价值观是一个人文价值体系，它既体现了中华民族的特色，又融合了人类文明的成果。

三、社会主义核心价值观的本质特征

社会主义核心价值观内涵丰富，博大精深。我们必须紧紧围绕中国特色社会主义这个主题，从统一性和整体性上来完整准确地把握社会主义核心价值观的本质特征。

（一）主导价值与社会制度的统一

从经济基础和上层建筑的角度来看待主导价值和社会制度的话，主导价值与社会制度属于后者。再从主导价值与社会制度的关系来看，社会制度的地位更加基础，是主导价值的外在表现形式，在各个层面体现了主导价值；而主导价值则起到引领作用，是社会制度的内在精神和生命之魂，对社会制度的内在本质起到规定作用。在社会主义社会，社会主义制度建设需要将当前以社会主义核心价值观为引领的主导价值作为理论指导和精神支撑。尤其是在着力建设社会主义现代化强国的今天，社会主义核心价值观及其体系在政治建设、文化建设、经济建设等各个方面对社会主义制度起到引领作用。社会主义核心价值观及其体系能够让人们确信在中国共产党的领导下，社会能够稳定有序地运行。因此，从建设社会主义社会的战略角度看，培育和践行社会主义核心价值观，对于更好地建设社会主义社会，实现"三步走"发展战略，具有极为重要的作用。

（二）理想性与现实性的统一

在当前阶段，实现中国特色社会主义共同理想是全体中国人民的诉求。共同理想是全体中国人民对未来美好生活状态的设想与期望，是对当前生活状态的超越，是感召全体中国人民为之奋斗的力量源泉。但是，在社会主义初级阶段，建设社会主义社会不能单靠理想，还必须立足于当前生产力不发达的现实，从现实着手建设社会主义。社会主义核心价值观及其体系将社会主义的理想与现实紧密结合起来，着重于人民群众从社会主义制度建设的过程中获得真正的利益与实惠，并以此激励他们积极参与社会主义社会建设。

培育和践行社会主义核心价值观需要广大劳动人民将社会的远大理想与现实情况紧密结合起来，通过扎扎实实的实践来实现伟大的理想。社会主义核心价值观及其体系通过实践将远大理想与改革、创新联系起来，致力于破除中国特色社

会主义共同理想实现的阻碍。唯有如此，才能不断增强人民群众团结在中国共产党的领导下实现中国特色社会主义的信心。

（三）一元化与多样化的统一

当前我国处于社会主义社会的初级阶段，经济制度处在以公有制为主体、多种所有制经济共同发展的阶段。因此，在经济利益和文化观念问题上存在着一元化与多样化的矛盾。从整个社会形态的发展来看，社会发展的未来本就存在着无限的可能性。在一元观念的主导之下，人们必将实现多样化观念的最终统一。因此，在建设社会主义的过程中，党必须引领中国人民实现经济利益和价值观念上的一元化与多样化的统一，在这个过程中发挥主导作用的观念则是社会主义核心价值观及其体系。

社会主义核心价值观及其体系是既着眼于当前又布局未来的庞大社会统治观念，是社会主义社会的根本所在。从社会主义核心价值观及其体系的内容来看，社会主义核心价值观及其体系代表了全社会最广大人民在价值观念上的认同，在全社会拥有最普遍的道德威信。一方面，社会主义核心价值观及其体系肯定了社会上普遍存在的经济利益与价值观念的多样化问题，承认它们的合理性与正当性。另一方面，社会主义核心价值观及其体系肯定社会主义社会建设需要一个能够引领社会普遍存在着的多元观念的核心价值，即实现社会上普遍存在着的多元价值观念在最根本问题上的认识统一。社会主义核心价值观及其体系在这两个方面的作用能够在最广泛的程度上实现一元化与多样化矛盾的化解与统一，从而集中社会上最广泛的力量参与到社会建设中来。

（四）抽象理论性和具体实践性的统一

社会主义核心价值观念及其体系作为上层建筑的一种，是抽象的理论形态。社会主义核心价值观及其体系的内容囊括了当前社会发展过程之中最本质、最普遍的价值规律，具有极大的包容性，能够在多元社会思潮的发展中形成明确的引领方向，从而达成最广泛的社会共识。但是，社会主义核心价值观及其体系又是具体和实在的。社会主义核心价值观是对当前社会具体状态最深刻的总结，因此，社会主义核心价值观与社会生活的方方面面紧密联系，是社会上每个个体的世界观、人生观和价值观的灵魂和内核，对人们的生活选择产生具体而又实在的影响。

当前，将社会主义核心价值观融入我国社会建设的各个方面同样体现了社会主义核心价值观与当前社会状态紧密结合的特征。

（五）传统与现代的统一

社会主义核心价值观及其体系继承了中国传统的价值观念，将中华民族的优秀文化涵盖其中，用中华民族的语言予以精确表达。与此同时，社会主义核心价值观及其体系还将当前时代的发展特色容纳进来，将时代精神作为一项重要内容，凝聚了中华民族的信心与智慧。因此，社会主义核心价值观及其体系是传统与现代价值观念的统一，实现了中华民族在价值观念问题上的衔接。这也说明了，社会主义核心价值观及其体系具有极强的感召力和创造力。正是这种感召力和创造力，不断凝聚起一个又一个时代发展的文化内核。

（六）稳定性与发展性的统一

社会主义核心价值观是一个能够包容社会多样价值观的开放系统。从其性质、地位、特征和功能等方面来说，社会主义核心价值观始终是我国社会主义社会建设的核心理论，始终在我国社会主义建设过程中占据引领地位，始终包容我国社会中的多元价值观。因此，社会主义核心价值观及其体系在未来较长时期内引领我国社会发展的科学性不会变。而且，我国社会是发展的社会，结合这一点还可以发现社会主义核心价值观及其体系在未来较长时期内都将以包容的姿态容纳各个社会阶段的时代精神，并不断凝聚，最终形成一个集中华民族精神于一体的一元价值体系。

四、大学生社会主义核心价值观教育的价值审视

学生在国家建设和民族发展中扮演着至关重要的角色。高校校园作为国民教育和精神文明建设的主阵地，为大学生的教育培养提供了重要平台。大学生作为国家未来的建设者和接班人，他们的成长、教育和培养直接关系到国家的未来和民族的兴旺。他们在心理上逐渐走向成熟，但尚未完全成熟，具有一定的可塑性。因此，将大学生塑造好、教育好、培养好，对于国家的未来和民族的繁荣至关重要。在我国未来的社会主义建设中，大学生群体有着重要作用。他们在各个领域和行业中能够发挥重要作用，在社会主义建设事业中起到积极的推动作用。因此，

开展大学生社会主义核心价值观教育具有多方面的重要意义。

（一）开展大学生社会主义核心价值观教育的基础意义

在一个社会之中，无论是国家、民族还是个人，其发展轨迹都是在价值观的指引下进行的。价值观对人们的思想意识、道德评价、选择取向和实践行动产生了深远影响，是社会稳定运行的基础。因此，作为我国社会的重要组成部分，大学生要不断加强自身的价值观教育，以维持社会的长期稳定运行。培养大学生的社会主义核心价值观，对于中国特色社会主义事业的长久快速发展具有重要意义。

社会价值观对整个社会来说具有重大的意义，是整个社会信念得以存在和发展的基础。每一个社会都有一定的正当观念体系，这个体系是人们共同价值观念、政治信念的基础，已经得到了全体人民的认可。否则，在社会发展的过程中就会出现各种问题，整个社会都有可能无法长期持续发展。这一套价值观念的核心即核心价值体系，这是维持社会长期稳定发展的重要基础。

对大学生开展社会主义核心价值观教育是确保我国社会在未来阶段长期稳定的重要基础。只有对大学生进行良好的思想道德素质教育，他们才能深刻认识到社会交往过程中应有的行为举止，在社会建设中作出贡献。因此，对大学生进行社会主义核心价值观教育对于中国特色社会主义建设事业具有极其重要的作用。我们必须不断培养大批具有创新能力的高素质人才，这是我们在未来社会主义事业建设过程实现目标的必然要求。

（二）开展大学生社会主义核心价值观教育的价值体系建设要求

社会主义核心价值体系的内容包括"马克思主义指导思想，中国特色社会主义共同理想，以爱国主义为核心的民族精神和以改革创新为核心的时代精神，社会主义荣辱观"。通过多年来的实践，社会主义核心价值体系建设工作取得了巨大成就。无论在引领社会思潮、凝聚社会共识方面，还是在把握和坚持社会主义意识形态的本质以及巩固和规范社会公众的价值和道德规范等方面，都不能忽视社会主义核心价值体系的重大作用。社会主义核心价值观是党的十八大关于文化建设和社会主义核心价值体系建设的一个突出亮点和点睛之笔，为继续推进社会主义核心价值体系建设确立了精神内核。以最朴实简单的词语进行社会主义核心价值观的阐述是一种重要的方式，可以促进广大人民群众对社会主义核心价值观的深入理解和实践。这样的表述方式可以与我国古代核心价值观表述方式相媲美，易于被普通大众特别是青年学生接受和熟记，能够使广大青年学生全面理解和把握社会主义核心价值体系的内涵，积极推动他们自觉践行社会主义核心价值体系。

党的十八大提出的"三个倡导"的社会主义核心价值观，从价值的三个维度——价值目标、价值追求和道德准则进行了明确的阐释。"富强、民主、文明、和谐"表达了现阶段全社会的价值目标，是我们建设中国特色社会主义的基本目标；"自由、平等、公正、法治"表达了现阶段全社会的价值追求，是价值理念追求的"最大公约数"；"爱国、敬业、诚信、友善"表述了现阶段全社会的道德准则，是社会大众应达到的基本道德水准。通过在青年学生中培育和践行社会主义核心价值观，可以培养出具有社会责任感和社会主义意识的新一代青年，他们将成为推动社会发展和建设的重要力量，为实现中华民族伟大复兴的中国梦贡献他们的智慧和力量。

（三）开展大学生社会主义核心价值观教育的先进文化要求

从世界历史的发展轨迹看，价值观的竞争是关乎世界历史发展方向的竞争，核心价值观的竞争也关乎谁能够决定文化前进方向的话语权。文化软实力和道德制高点是国家和文化竞争中的焦点。拥有稳定性和持续性的核心价值体系，符合历史发展方向。具有世界历史意义的核心价值观，能够增强国家的文化软实力，提升国家的国际话语权和影响力。在中国建设稳定、和谐、富强的大国过程中，确立自己独特的稳定和持续的核心价值体系十分重要。这需要中国不断深化自身文化的内涵，结合当代社会发展的要求，创造出具有世界历史意义的核心价值观。我们要重视价值观教育和文化建设，通过培养和践行这一核心价值观，加强文化软实力，为中国的发展提供精神力量，并担当更大的国际责任。当今社会，文化软实力是国际竞争中一个国家综合实力的重要组成部分，也是国家发展、社会进步的重要精神力量。一个国家公民的价值观念状况体现了国家的整体精神面貌，是这个国家文化软实力的重要组成部分。大学生群体文化程度高、关注国家社会发展的意识比较强，在社会主义文化建设方面具有很好的引领作用。加强大学生社会主义核心价值观教育，可以引导他们树立正确的世界观、人生观和价值观，促进个人的全面发展和社会的和谐稳定，同时也能够为国家的现代化建设提供坚实的素质基础和精神支持。

（四）开展大学生社会主义核心价值观的人才培养要求

我国仍处于社会主义初级阶段，现代化建设任务艰巨繁重。而中国梦是中华民族伟大复兴的梦想，需要全社会的共同努力。优秀人才是实现中国梦不可或缺的重要力量。培养什么人，如何培养人，是我国社会主义教育事业发展中必须解决的根本问题。青年一代承载着国家和民族的未来发展与传承的责任，其道德水准直接影响着社会的和谐发展程度。青年的精神风貌也是民族形象的重要组成部分。青年，代表未来的力量，创造未来的价值。青年是一个民族前进的重要力量。只有赢得青年，才能赢得民族发展的未来。大学生是一个优秀群体，在青年群体之中具有巨大的影响力，他们是国家建设最宝贵的人力资源。因此，大学生的思想政治素质同党和国家的前途命运直接相关，这关系到我国走向共产主义社会的道路目标能否实现，也关系到中国特色社会主义建设事业是否能够长足发展。

在校大学生正处于人生发展的关键期，这一时期也是他们的世界观、人生观、价值观形成的重要阶段。但这个阶段同时也是大学生思想最容易受到外界干扰的时期。他们在价值观念和社会心态上呈现出比较开放、透明的状态，他们对新鲜的事物会比较好奇，接受能力也比较强。但是由于他们的社会实践经验不足，对于一些诱惑，他们可能缺乏抵制的能力。因此，他们有时会在人生的分岔路口做出错误的决定，影响他们未来的人生道路。

第三节　中国梦教育

一、时代呼唤：中国梦提出的时代环境

（一）社会环境：社会转型期的过渡

党的十八大实现了中央领导集体的新老交替，以习近平同志为核心的新的中央领导集体执政，面临着新的国际国内形势。党的十八大报告指出："当前，世情、国情、党情继续发生深刻变化，我们面临的发展机遇和风险挑战前所未有。全党

一定牢记人民信任和重托，更加奋发有为，兢兢业业地工作，继续推动科学发展、促进社会和谐，继续改善人民生活，增进人民福祉，完成时代赋予的光荣而艰巨的任务。"[1] 中国特色社会主义事业是不断向前发展的事业，是一个不断发展的历史过程。从我国实际来看，我们当前正处于并将长期处于社会主义初级阶段，社会主义事业的发展需要几代人、十几代人甚至几十代人长期坚持不懈地努力奋斗。进入21世纪以来，我国仍处于大有可为的重要战略机遇期，这也是大多数国家必然经历的发展中的社会转型关键时期。社会转型期既是"黄金发展期"，同时也是"矛盾凸显期"，即机遇与挑战并存的时期，需要有一个正确的理论和方向的指引。党的十八大以来，习近平总书记发表了一系列重要讲话，阐述了党和国家面临的一系列重大问题，揭示了中华民族的历史命运和当代中国的发展战略，勾画了党和国家未来发展的宏伟蓝图。一个国家，一个民族，只有有了共同的理想追求，才能有更好的发展前景。

（二）精神本质：理想与共识

理想与共识是中国梦提出的精神本质，这主要体现在以下三个方面。

第一，中国梦体现了中华儿女的共同理想。中华民族在近代史上经历了鸦片战争、列强侵略和社会动荡等一系列的挫折和磨难后，正逐步走向实现中华民族伟大复兴的目标。中国梦是用最质朴的语言表达出的中华儿女共同的理想与追求，向世界宣告了人们诉诸圆梦的共同心声。

第二，中国梦昭示了中华民族的发展道路。在实现现代化的进程中，如何用自己的理论破解我们自己的问题，坚定自己的道路去实现自己的目标是一个重要问题。对于中国特色社会主义，我们必须坚定道路自信、理论自信、制度自信和文化自信。这意味着我们要坚持中国特色社会主义道路，深入学习和宣传中国特色社会主义理论体系，保持对中国特色社会主义制度的坚定信心，并坚持弘扬中华优秀传统文化和共产主义精神，创造出繁荣兴盛的社会主义文化。中国特色社会主义是人民的选择，是实现中华民族伟大复兴的正确道路，在实现中国梦的伟大征程中要进一步坚持和发展中国特色社会主义。

---

[1] 中国广播网.中共十八大关于十七届中央委员会报告的决议[EB/OL].（2012-11-15）[2023-03-23].http://china.cnr.cn/news/201211/t20121114_511344612.shtml.

第三，中国梦构筑了中国人民的精神家园。在实现现代化的进程中，有关人民精神家园建设的问题是与物质文明建设并驾齐驱的问题。针对"精神懈怠"的现象，我们既需要树立批判的态度，也要有超越的精神。社会经济的快速发展和物质条件的改善使人们对物质生活的追求更加强烈。过分地追求物质财富、名利地位和享受生活的快乐，往往使人将注意力聚焦在眼前的利益和短期的满足上，以至于忽略或淡化对理想信念和精神追求的重视。上到一个国家、一个民族，下到一个公民，都要有信仰和精神的支撑。缺乏精神，就好比缺乏灵魂，就会显得大而不强、有面无神。中国梦的提出，是构建中国社会精神家园的一种现实呼唤，也是人们对精神追求的自觉践行。

二、中国梦的内涵和本质

中国梦是国家梦、民族梦与人民梦的三位一体，是强国之梦、复兴之梦、幸福之梦的有机结合。

（一）中国梦的科学内涵

1. 国家之梦——富强

近代以来，中华民族饱尝落后造成的屈辱和痛苦，深刻的历史教训使我们比任何时代都懂得国家富强的意义。实现富强，是中华民族的百年梦想。中华民族历经磨难，但从未放弃对美好梦想的向往和追求。实现社会主义现代化，首要任务就是实现国家富强。改革开放已经40多年，中国发展所展现出来的崭新面貌，根源在于我们国家实现了初步的繁荣富强。经济发展了，国力增强了，我们才能满足人民物质文化的需要，提高人民生活水平，在世界经济、政治舞台上处于主动地位，为人类的发展作出更大的贡献。

2. 民族之梦——振兴

中华民族振兴是实现中国梦的不竭动力，其实质不是简单地重现中华民族昔日的辉煌，更不是追求世界霸权的地位，而是创造中华民族从未有过的兴盛状态。民族振兴是国家富强的根本标志，也是人民幸福的重要保障。

第一，改革开放以来，在长期的实践中，我们发现，中国特色社会主义道路是中国共产党领导下，根据中国的国情和实际情况，以经济建设为中心，以建设社会主义市场经济、推进改革开放为主要内容的发展道路。经过几十年的发展，中国特色社会主义取得了举世瞩目的成就。

第二，近代以来，中国人民经历了种种屈辱和挫折，但他们从不屈服，始终保持着对民族独立、国家发展的坚定追求。通过不断的奋起抗争，中国人民最终掌握了自己的命运，开始了建设自己国家的伟大征程。中国人民的奋斗历程和伟大民族精神是中华民族宝贵的精神财富。

第三，中华民族伟大复兴的梦想是广大中华儿女的共同期盼，他们渴望使中国成为一个繁荣富强、民主文明、和谐美好的国家。中华民族伟大复兴的梦想不仅仅代表了每个中国人的理想和愿望，更体现了中华民族整体的利益。其关乎国家的繁荣和发展，关乎每个中国人的幸福和尊严。

3. 人民之梦——幸福

所谓幸福，不仅包括物质层面上的满足，也包括精神层面上的价值追求。从某种意义上说，对幸福的追求是人类社会文明发展的重要动力。中国共产党的根本宗旨是全心全意为人民服务。为人民谋幸福是党的根本宗旨的体现，是党的群众路线的重要组成部分。党始终将人民群众的根本利益放在首位，坚决维护人民群众的权益，为实现人民的美好生活不断努力。为人民谋幸福是党坚守初心使命、始终走在时代前列的重要原因之一，是贯穿党的历史的一条红线。每个人都有着追求美好生活的梦想，都希望获得幸福，但个人发展与国家的发展和进步是息息相关的，个人幸福与国家梦想是紧密相连的。国家和民族的发展与强盛使个人幸福的实现有了坚实的依托和保证。

（二）中国梦的本质

1. 中国梦蕴含着深刻的历史观

鸦片战争开启了中国近现代民族复兴的历史，在救亡图存、振兴中华的过程中，中国共产党是被实践证明了的真正能够带领中国人民实现中华民族伟大复兴的政党。中国梦的提出，是历史的呼唤、现实的诉求、未来的向往。在中国特色社会主义进程中，中国面临着经济转型、社会发展、环境保护等方面的挑战。中国梦提出了实现社会主义现代化的新目标、为人民创造更加幸福美好生活的诉求，激发了全社会的创新创业和奋斗精神。作为党的理论创新的最新成果，中国梦概括了中国特色社会主义共同理想、中共建党一百年全面建成小康社会的目标、中华人民共和国成立一百年建成社会主义现代化国家的目标、实现中华民族伟大复兴的目标。它统摄和提升了这一系列目标,引领着中华民族的发展进程。

2. 中国梦显示了深刻的人本性

在中国梦的深刻内涵中,"人"可以说是其中的关键因素。中国梦的基本内涵是"国家富强、民族振兴、人民幸福""中国梦是民族的梦,也是每个中国人的梦""中国梦归根到底是人民的梦,必须紧紧依靠人民来实现,必须不断为人民造福""国家好、民族好,大家才会好"。以上这些论述,深刻说明了个人梦想在国家和民族梦想中的地位,充分显示了中国梦以人为本、家国天下的情怀。家是最小国,国是千万家,中国梦为每个人实现梦想提供了广阔的空间,而每个人为美好的梦想而奋斗,实现梦想的力量就会无比强大。中国梦的实现离不开人民的共同努力和奋斗,只有满足了人民的基本需求和愿望,才能真正实现中国梦。中国梦体现了中国共产党对人民利益的高度关注和承诺,为人民谋幸福是中国共产党的初心和终点。中国梦同时也是马克思主义唯物史观的重要体现,中国梦的提出和实现符合中国特定的历史和现实条件,充分考虑了中国国情和人民群众的诉求。

3. 中国梦彰显了深刻的价值观

中国梦的核心是对中华民族伟大复兴的憧憬和对幸福生活的期盼,它要求我们认识和珍视中华民族的历史和文化传统,为实现中华民族的伟大复兴而努力奋斗。历史上,中华民族经历过苦难和压迫,深受外来侵略和内乱之苦。正是这些苦难经历使人们对改变国家和民族的命运产生了深切的渴望。中国梦凝聚了民族复兴的愿望,激发了人民对富强和幸福生活的向往之情。中国梦所蕴含的精神力量正是支撑着中华民族顽强拼搏的动力。中国梦的核心是对中华民族伟大复兴的憧憬和对幸福生活的期盼,它体现了人民对美好生活的追求和对民族复兴的渴望。中国梦凝聚了仁人志士伟大的精神力量,充分展示了中华民族以爱国主义为核心的伟大民族精神的同时,也体现了以改革创新为核心的时代精神。中国梦具有鲜明的价值导向,体现了国家梦、民族梦和人民梦的高度统一。生活在伟大祖国和伟大时代的中国人民共同享有许多宝贵的机会和福祉。中国梦将国家梦、民族梦和人民梦有机地融合在一起,强调每个人都应该有自己的梦想,并且拥有追求梦想的机会和创造梦想的能力。中国梦彰显了中国人民对自身价值和发展前景的自信,表达了对中国特色社会主义事业的自信、中国文化传统的自信、中华民族的自信以及对中国在世界舞台上扮演重要角色的自信。这种自信是中国社会发展进步的精神支撑。

4. 中国梦体现着深刻的发展观

中国梦的形成过程也是中国不断发展前行的过程。要把中国特色社会主义事业推向前进,把蓝图变为现实,必须再接再厉,唯有发展才能自强。实现中国梦必须走中国道路、必须弘扬中国精神、必须凝聚中国力量,这"三个必须"体现了中国梦深刻的发展观。

首先,道路决定命运。中国特色社会主义这条适合中国国情的正确道路来之不易。这条道路是对中华民族5000多年悠久文明的传承,是近代以来170多年中华民族发展历程的深刻总结,是中华人民共和国成立70余年的持续探索,是改革开放40多年的伟大实践。只有坚定不移地走好中国特色社会主义道路,才能够实现中国梦。

其次,爱国主义是中国精神的重要组成部分,承载着中华民族的深厚情感和民族认同。它激发了人们对祖国的热爱之情、对民族的责任感,推动着人们为实现民族复兴而努力奋斗。改革创新是中国精神的时代要求和时代精神的核心。改革创新鞭策着我们与时俱进、勇于开拓,通过不断变革和创新,推动社会进步、经济发展和民生改善。

最后,中国力量是中国人民为实现共同的目标紧密团结、万众一心的力量。有梦想、有机会、有奋斗,每个人都可以在实现中国梦的伟大征程中成就自己的梦想。同时,实现中国梦将始终不渝地走和平发展的道路,不仅造福中国人民,也造福世界人民,我们将继续同各国人民一道为推进人类和平与发展而努力奋斗。

5. 中国梦蕴含着深刻的实践观

中国梦形成于鸦片战争以来170多年持续奋斗的实践中,并统一于中国特色社会主义的伟大实践中。中国梦蕴含着深刻的实践观主要表现为两点。第一,中国梦是实践的产物,离开了实践,中国梦则成为无源之水、无根之木。功崇唯志,业广唯勤,实现中国梦必须脚踏实地,在实践中付出辛勤劳动和艰苦努力。劳动是推动社会发展的力量,空谈误国,实干兴邦,只有真抓实干才能使梦想成真。第二,中国梦在中国特色社会主义建设的不同时期、不同阶段会面临不同的问题,具有不同的任务，我们必须以实践为依据，与时俱进，开拓创新。中国梦自提出以来，其内涵不断丰富，外延不断拓展，成为凝聚人心的"最大公约数"。

三、建立大学生中国梦教育机制

（一）建立大学生中国梦教育的教学机制

在高校开展中国梦教育，有必要建立健全完善的教育内容、教育方法与教育实践机制。中国梦教育应该注重回答和解决与大学生密切相关的时代话题，特别是那些可能会让他们感到迷惑的问题；应该采用生动有趣的教学方式，让学生更轻松愉快地接受和理解。中国梦教育不仅仅是知识的传授，更重要的是引导学生进行思想的升华和境界的提升。中国梦的实现与人民群众的利益息息相关，因此在中国梦教育中，应该更多地使用实例来加深学生对概念和理论的理解。可以采用历史事件、社会现象、个人成长经历等实例，将抽象的概念与学生的实际生活相联系，让他们更加深入地理解和感受中国梦的重要内涵和意义。单纯地讲授中国梦的相关概念，大学生不免会感到抽象、晦涩、难懂，具体的实例、切身利益相关的情况能够让大学生更好地理解和感受中国梦对自身生活和社会发展的重要意义。一般的学科性教学侧重于传授学科知识和培养学科技能，通常采用系统性的教学方法，如讲授、实验、作业等。而中国梦教育更加注重培养大学生的社会责任感、国家意识和创新能力，通常需要更加灵活和多样化的教学方法。尽管中国梦教育与一般的学科性教学在方法和内容上存在差异，但它们并不是相互独立的，二者可以相互促进、相辅相成。虽然中国梦教育可以融入一般的学科性教学中，但仅仅使用一般的学科性教学方法并不能保证取得理想的教学效果。中国梦教育不仅应该注重理论教育，更要注重通过身体力行来引导学生。教师和教育者需要以身作则，成为学生的榜样，通过实际行动来诠释中国梦的内涵和价值。实现中国梦不是一蹴而就的，而是由一系列发展阶段逐步组成的过程。中国梦的实现需要经历经济、社会、文化等多个方面的发展，并需要人民群众的共同努力。实现中国梦的过程可以划分为不同的阶段，教育者应该根据不同阶段的需求和学生的发展水平，确定相应的目标和教育方法。同时，以创新性思维不断探索和应用各种新的教学方法，为推进中国梦教育教学提供更多的可能性和有效的途径。

只有让大学生在生活中处处感知中国梦理念、时时领悟中国梦理念，使中国梦理念融入大学生的生活，才能真正被接受、被践行。对大学生进行中国梦教育，必须做好"融入"这篇大文章，"在落细、落小、落实上下功夫，坚持融入理论教育与融入实践教育相结合"，[①] 使中国梦的影响像空气一样无处不在、无时不有，达到大学生日用而不知的效果。在每个逐梦阶段中，教育理论和教育实践的融合是相对容易的。但在整个追逐中国梦的发展历程中，避免教育理论与实践的脱节是具有挑战性的，其主要原因是，中国梦的实现涉及复杂的社会、经济和文化因素，涵盖的范围十分广泛。确保教育理论的科学性和教育实践的有效性是关键。教育理论需要经过科学研究和验证，并建立在实践经验和实证研究的基础上。为确保教育理论的科学性和教育实践的有效性，教育者应该不断创新和发展教育理论。同时，在科学教育理论的指导下，根据实践中的反馈和经验进行调整和改进。通过实践的持续深化，可以进一步验证教育理论的科学性。中国梦教育的目标包括长远性目标和阶段性目标，在指导大学生追逐国家梦想时，教育理论与实践需要适应当下的教育目标。长远性目标可能无法直接应用于当前的教育实践中，因为当前的教育实践需要具体的、切实可行的教育方法和策略。因此，大学生中国梦教育过程应该体现出阶段性。

（二）建立大学生中国梦教育的激励机制

激励机制的建立对于中国梦教育的各方面具有重要意义，包括大学生、教育者和管理者。从总体上来看，激励措施可以分为两大类：一类是物质激励，另一类是精神激励。我们可以对在中国梦教育过程中表现突出的大学生、教育者、管理者给予一定的物质奖励。但实现中华民族伟大复兴更重要的是一种从内心生发出来的使命感与责任心，除一定的物质激励以外，我们更应重视精神激励的作用。对在中国梦教育过程中表现优异的大学生、教育者、管理者，我们应通过各种媒介，如校报、公告栏、电台、新闻、微信、网络等进行通报表扬。激励机制应该贯穿于整个中国梦教育活动过程中，无论是施教前、施教过程中还是施教后，均不能忽视激励机制的建构。在具体的激励措施上，我们不应仅仅聚焦于物质激励，还应尤为重视精神激励。我们可以针对中国梦教育所反馈的结果，将激励细化为

---

① 曾光顺. 中国梦融入大学生思想政治教育的模式研究[J]. 学理论，2016（3）：240-242.

正激励与负激励。根据中国梦教育主题活动的范围不同，分别对管理者、教育者以及大学生在教育活动中的不同行为进行激励。

在建立大学生中国梦教育的激励机制时，我们还应重视目标激励与榜样激励的作用。目标的设定应始终关切参与主体的现实需要，目标激励应既能使大学生、教育者与管理者获得成就感，又能使其现实需要得到满足。在中国梦教育中表现突出的大学生、教育者与管理者，我们应对其先进事迹加以大力宣传。榜样就好像一面旗帜。优秀典型树立起来，人们就找到了奋斗的方向。管理者与教育者在大学生中国梦教育激励机制的构建中是激励的作用者，也即主体。大学生在中国梦教育激励机制的构建中是激励的对象，也即客体。主客体之间是一种双向互动的关系，管理者与教育者既要充分考虑到大学生的实际需求，大学生也应严格按照管理者与教育者的要求接受中国梦教育。由此建立起的激励机制才能发挥效用。在整个激励机制中，自我激励层次性最高。物质激励与精神激励、目标激励与榜样激励，皆是为了促进自我激励的形成。因此，我们应高度重视自我激励在整个中国梦教育激励机制中的地位与作用。

（三）建立大学生中国梦教育的评估机制

大学生中国梦教育的评估机制，指的是结合预设的教育目标，对管理者、教育者以及大学生的思想、行为状况进行考察，对整个中国梦教育过程及教育结果进行评估的机制。评估机制的建立不是一件容易的事情，原因在于其涉及的方面众多。既要对管理者的管理水平，教育者的职业操守、专业技能等进行评估，还要对大学生的知、情、意、信、行等方面进行评估。构建大学生中国梦教育的评估机制，应该是全方位、多角度、多层次的，因而有待克服的困难也是众多的。有学者指出，"评估机制的建立，说到底是一种价值判断过程"[1]。我们需要对大学生中国梦教育所取得的效果进行价值判断。而价值判断具有较强的主观性，主观性的事物较难量化，因而摆在大学生中国梦教育评估机制构建面前的一大难题是主观性的价值判断如何向可量化的客观指标转化的问题。另外，我们强调对高校的中国梦教育工作开展评估并构建起相关的评估机制，目的在于"通过评估促进学校在中国梦教育工作方面的建设并促使其改进不足之处，而绝非为了进行评估

---

[1] 吴潜涛，刘建军. 新时期思想政治教育史论[M]. 合肥：安徽人民出版社，2004.

而制定相关的评估标准与评估机制"①。通过构建评估机制，我们得以发现、总结中国梦教育中的长处，反观、改进中国梦教育中的不足。我们探索主观性的价值判断向可量化的客观指标转化，也正是为了更好地推动中国梦教育的发展。在构建大学生中国梦教育评估机制的过程中，我们应避免一种倾向，即管理者、教育者及大学生单纯地将通过评估作为目的。评估对于推动中国梦教育发展而言，是手段。如果将手段视为目的，为通过评估而做"假、大、空"的工作，评估机制的构建就将失去其本然的价值而流于形式。构建良好的大学生中国梦教育评估机制有赖于两个方面：一方面是评估体系在设计上具有科学性。管理者、教育者及大学生在中国梦教育中的角色和地位是不同的，因此在评价体系的设计上，应分层次、有重点。对管理者应侧重于评估其管理水平，亦即总览大学生中国梦教育全局、协调各方力量的能力；对教育者应侧重于评估其教材熟悉程度及教育教学技能；对大学生应侧重于评估其对中国梦教育知识的接受程度以及行为的变化状况。另一方面是评估管理队伍在业务水平上具有扎实性、在工作精神上具有奉献性。对管理者、教育者及大学生在中国梦教育中思想与行为的变化情况进行评估，是一项长期、复杂、艰巨的工作。没有扎实的业务水平、没有强烈的奉献精神，将很难胜任该工作。因此，设计具有科学性的评估体系，打造业务水平扎实且具有较强奉献精神的评估管理队伍，有助于我们构筑完善的大学生中国梦教育评估机制。

第四节 "四个自信"教育

一、"四个自信"的内涵解读

（一）道路自信

道路自信是指中国共产党基于对中国国情的深刻认知和理解，始终坚定地走中国特色社会主义道路，坚持改革开放。在社会主义初级阶段，中国共产党经过漫长的探索，找到了一条符合人民群众利益的道路。中国特色社会主义道路是实

---

① 胡新峰.大学生思想政治教育机制研究[D].长春：东北师范大学，2014.

现中华民族伟大复兴的必由之路，其为更好地建设富强、民主、文明、和谐的现代化国家指明了方向，是中国人民必须坚持高举的一面旗帜。只有树立这样的道路自信，党和人民才能积极行动起来，为实现中华民族的伟大复兴而不懈奋斗。

（二）理论自信

理论自信是指党对中国特色社会主义理论体系价值的充分肯定和认可，中国特色社会主义理论体系是对马克思列宁主义、毛泽东思想的继承和发展，它是几代国家领导者带领人民不懈探索的实践心血，凝结了他们无穷的智慧，是全国人民团结奋斗的精神支柱。随着改革开放的深入，理论体系的地位也得到显著提高，成为党建事业的理论基石。只有坚持理论自信，才能提高党和人民的自信力，产生更精彩的理论创新成果。

（三）制度自信

制度自信是中国共产党坚持中国特色社会主义事业发展的重要保障。中国特色社会主义制度是在长期革命实践和探索中形成的，是中国共产党根据中国具体国情，结合马克思主义基本原理创造的一套适合中国特点的制度安排。搞好中国特色社会主义事业建设的前提条件是充分发挥中国特色社会主义制度的优越性。只有坚持和发展中国特色社会主义制度，充分发挥其在国家治理和社会发展中的作用，才能有效解决中国面临的各种问题和挑战，实现国家的繁荣和人民的幸福。通过坚定对中国特色社会主义制度的自信，我们能够进一步巩固和发展中国特色社会主义，实现中国梦的伟大目标，并为构建人类命运共同体作出应有的贡献。

（四）文化自信

文化自信是指一个民族、一个国家以及一个政党对自身文化价值的充分肯定，并秉承坚定的信心积极践行，不断为文化发展创造活力。

文化对一个国家和民族来说具有重要的意义，它是国家和民族的灵魂和根基。一个拥有强大文化的国家和民族，能够在国际舞台上展示自己的独特魅力和价值观。中华民族拥有悠久的文明历史和丰富的传统文化底蕴，这是我们强大的文化软实力和核心竞争力之一。传统文化是中国文化的母体，是中华民族深层次的精神追求的积淀。在增强文化自信的过程中，我们要保持对传统文化的尊重和传承，同时注重文化创新和发展，以适应时代的需求和人民的精神追求。文化发展成为国家发展的重要引领力量。增强文化自信的同时，我们也要积极向世界展示全新的中国形象和坚强的中国力量，推动中国文化在国际舞台上的广泛传播和交流，为中国文化"走出去"开创一条新道路。

二、"四个自信"的理论基础

（一）道路自信的理论基础

我们的道路之所以正确是源自它对科学社会主义原则的坚守，这是我们道路自信的理论来源。科学社会主义是马克思主义的核心理论之一，其包括关于社会主义社会的理论体系、社会主义发展的理论模型和实践模式。它揭示了无产阶级革命和社会主义建设的规律性，为中国道路的形成和发展提供了理论指导。它强调无产阶级政党的领导原则，认为无产阶级只能通过革命和建立无产阶级专政来夺取政权，解放自己。这为中国共产党领导的革命和建设提供了重要的依据。中国共产党将科学社会主义原则与中国的具体国情相结合，形成了中国特色社会主义道路。中国道路的正确性得到了长期的实践检验和人民群众的拥护。只有坚守科学社会主义的原则，不断探索和创新，中国的社会主义事业才能不断取得新的进展。

中国共产党从成立之初就坚持无产阶级政党领导的原则，并走农村包围城市的革命道路。这个道路的正确性在中国的革命历程中得到了验证。在中国共产党的领导下，中国人民成功推翻了帝国主义和封建主义的统治，建立了中华人民共和国。中华人民共和国成立后，党的领导确保了国家的稳定和发展，并在国家建设的各个领域发挥了重要作用。党的领导为中国特色社会主义事业提供了坚强的政治保证。科学社会主义认为，发展生产力是社会主义建设的根本任务。中国坚持这一原则，通过一系列的社会主义改造和改革开放措施，解放和发展了生产力，并取得了巨大的经济发展成就。中国道路坚持了全面、联系的观点和用发展的眼光看待问题的原则，以推进"五位一体"（经济建设、政治建设、文化建设、社会建设、生态文明建设）的建设为目标。通过统筹协调各个领域的发展，促进人的全面发展，力争实现共同富裕的目标。

中国道路之所以被认为是正确的,不仅在于其基于科学社会主义原则,更重要的是它强调一切从实际出发的重要性,从实际出发分析问题、制定政策和实施措施。在充分吸收借鉴各种理论和实践成果的基础上,结合中国的具体国情和发展需求,形成了独特的、鲜明的中国特色发展道路。

(二)理论自信的理论基础

理论自信的源泉之一是马克思主义的科学性,它是马克思主义理论体系的基石。同时,毛泽东思想和中国特色社会主义理论体系的时代性也构成了理论自信的重要基础。2008年金融危机的爆发揭示了资本主义社会中的结构性问题和矛盾。这引发了对马克思主义理论的重新审视和研究。许多学者和社会观察家重新关注马克思主义的思想体系和理论框架,探索其中的洞见和解决问题的思路,这使得研究马克思主义成为当时社会的一股热潮。尽管马克思逝世已经140多年,但是马克思主义的科学性和生命力使得它在当今社会仍然值得研究。

毛泽东思想和中国特色社会主义理论体系是以马克思主义为指导,在中国革命和建设实践中不断发展和丰富起来的,因此具有与时俱进和符合实际的特点。毛泽东思想和中国特色社会主义理论体系的民族性和时代性则是我们理论自信的重要依据。它们坚持了中国的独立性和独特性,充分尊重中国人民的主体地位,关注中国国情和民族利益。马克思主义不是一成不变的教条,而是一个活跃的学说,我们应当根据实际情况进行有针对性的应用和发展。教条主义是对真理的机械死板的奉行,而机械主义则是敷衍塞责、不顾实际的机械操作。对待马克思主义要避免教条主义和机械主义的错误,而要注重实际应用和创新发展。共产党人始终坚持把马克思主义基本原理与中国革命和建设的具体实践相结合的原则。他们通过实际探索和创新,努力将马克思主义的普遍原理与中国的国情相结合,为中国特色社会主义事业的发展作出了重要贡献。这种努力体现了坚持马克思主义的科学性,同时也是对本土化、时代化要求的回应。

(三)制度自信的理论基础

制度自信是指对国家制度、社会制度和发展道路具有自信、坚定和自觉的信念。这种自信不是凭空产生的,而是建立在对中国特色社会主义理论的深入理解和实践经验的基础上的。马克思主义的"两个必然"[①]和"两个决不会"[②]是我们制度自信的重要依据,而列宁的建设社会主义的思想为我们的制度自信提供了理论借鉴。

(四)文化自信的理论基础

1. 中华优秀传统文化

中华民族的文明历史可以追溯到几千年前,中华优秀传统文化中积淀着丰富的哲学思想、文学艺术、科学技术等各个领域的成就。先贤留下了许多经典著作和艺术作品,形成了丰富多彩的文化传统,为中华民族的发展和进步提供了宝贵的精神财富。

中华民族的悠久文明传统是我们文化自信的重要依据。对中华民族的传统文化有自信,意味着对传统文化的了解、尊重和传承。这种自信来自对本民族文化价值的认同,对文化多样性的包容和尊重,以及对文化传承创新的责任和使命感。

2. 革命文化

中国近代史是充满了各种革命斗争的抗争史,这些斗争旨在推翻帝国主义压迫与封建主义统治,追求中国民族的独立、自由与平等。这一系列的斗争推动了中国社会的变革与进步,铸就了民族意识和民族精神。在中国的革命斗争史中形成的中国独特的革命文化既继承了中华优秀传统文化的精髓,又发展了社会主义先进文化,为中国的发展与进步提供了重要的思想和文化支持。这种革命文化的培育和传承对于坚持中国特色社会主义道路,塑造中华民族的精神面貌,具有重要的意义。

中国历史上的革命斗争孕育出了丰富多彩、璀璨壮丽的革命文化,而那些反映革命文化作品承载着人民的希望和梦想,再现了革命斗争的伟大场景和英勇事迹,展现了人民对自由、平等和正义的追求。革命文化促进了革命精神的产生,而革命精神则为文化自信提供了保障。它们既代表着中华民族的传统文化价值,

---

① "两个必然"是指:资本主义必然灭亡、社会主义必然胜利。这一论断是在《共产党宣言》中明确提出的。
② "两个决不会"是指:无论哪一个社会形态,在它所能容纳的全部生产力发挥出来以前,是决不会灭亡的;新的更高的生产关系,在它的物质存在条件在旧社会的胎胞里成熟以前,是决不会出现的。

又融入了以共产主义远大理想为指引的现代社会主义核心价值观。这种文化的自信为我们坚持中国特色社会主义道路、巩固文化自信提供了重要的支撑与动力。

3. 社会主义先进文化

社会主义先进文化始终坚持以为人民和社会主义服务为宗旨，立足于对先进文化前进方向的把握，它关注人民群众的需求，以满足人民对高品质生活的需求为目标，通过文化的传播和创造，为人民提供精神上的动力和智力上的支持。

社会主义先进文化坚持"双百"方针，即以创造百花齐放、百家争鸣的繁荣局面为目标，同时注重培育一批优秀的文化精品和文化品牌。通过丰富多样的文化创作和传播，推动社会主义先进文化的发展。

社会主义先进文化坚持贴近人民群众、贴近时代实际、贴近科技前沿的基本原则。社会主义先进文化注重与人民群众紧密联系，关注社会需求和时代特征，同时利用科技手段进行创新和传播。

社会主义先进文化在继承和发扬了中华民族优秀传统文化的同时，又汲取了革命文化的精华。通过继承、发展和创新，丰富中华民族文化的内涵，推动中国特色社会主义文化的繁荣发展。

中国当前形成的先进文化核心价值体系体现了中国特色社会主义制度和道路的方向，也体现了中华民族对于优秀的文化价值的追求。社会主义核心价值观是中国特色社会主义文化的重要内容，它从国家、社会和个人三个层面体现了中华民族的共同价值追求，是在中国特色社会主义道路、理论和制度的基础上提出和形成的。文化自信是一种自豪和自信的态度，是对本民族的文化传统和创新及自身文化的独特性和价值的坚定的认同。文化自信是中华民族在探索和发展中国特色社会主义道路中重要思想理念，它既是对中华优秀传统文化的传承和弘扬，也是对当代中国现实情况和国际发展趋势的积极回应。

三、大学生坚定"四个自信"的途径

（一）通过课堂开展"四个自信"教育活动

思想政治理论课堂是培养大学生世界观、人生观与价值观的重要平台，也是开展大学生"四个自信"教育的重要途径。在思想政治教育中，教育者要将"四个自信"融入课程教学之中,实现"四个自信"进教材、入课堂。在"四个自信"教育中,教师不仅要讲清关涉"四个自信"的基本问题以及"四个自信"教育的重要意义,还应当用案例分析法、启发式教学法、情感诱导法等开展"四个自信"教育,使大学生从思想认识与情感态度上接受"四个自信"。[①]

当代大学生有着较强的平等意识、独立意识、竞争意识,对于思想观点和价值判断会保持相对的独立性。因此,在"四个自信"教育中,首先,应坚持用事实说话,以客观的事实和充分的理论基础来支持教学内容和观点。通过向学生呈现真实的材料和数据,让学生能够深入了解国家的发展成就、理论的科学性和真理的客观性,以提高"四个自信"的理论说服力。其次,在开展"四个自信"教育时,应从政治民主化、经济市场化、价值多元化和社会复杂化等战略高度出发,全面把握当代中国社会的特点和发展趋势。

(二)通过实践教育推进"四个自信"培养工作

实践教育可以帮助大学生将学到的理论知识与实际情况相结合,大学生通过实践教育能够更好地理解社会和自我,形成健康的世界观、人生观、价值观。实践教育是提升大学生"四个自信"的有效方式之一。通过参与实践活动,大学生可以感受到国家的发展成就和社会的进步,增强对中国特色社会主义道路、理论、制度、文化的自信。实践活动能够帮助大学生加深对"四个自信"的了解,将模糊、抽象的理论转化为具体、实用的行动。他们能够在实践中体会到社会发展的巨大成就,深刻认识到中国特色社会主义制度的优势和国家的强大,从而提高对"四个自信"的认知程度和价值认同度。例如,同济大学就开展了"团干部培训教育""优秀大学生工程""青年马克思主义者培养"等教育实践活动,通过这些实践教育活动培养大学生对"四个自信"的价值认同度。[②]

(三)以制度建设优化"四个自信"的教育环境

在大学生"四个自信"培养中,高校应充分发挥制度的行为规范和价值引领作用。

---

① 刘芳,王喜国.论坚定道路自信、理论自信、制度自信的必然性及其提升路径[J].思想理论教育,2013(1):9-14.
② 李彦军,白丽英,郭雅青.高校"三个自信"教育现状和对策研究[J].学校党建与思想教育,2015(6):95-96.

高校教育管理制度对于保障学生的学习权益、提供优质教育资源以及规范教育行为非常重要。科学的课程教学制度可以指导教师合理安排学科内容和教学方式，促进学生全面发展。规范的日常管理制度能让学生建立行为规范和纪律意识，营造有序和安全的学习环境。环境育人是通过塑造良好的教育环境和文化氛围，培养学生积极向上的思想品质和行为习惯。开展校园周边环境整治能够提供安全和健康的学习环境，为大学生"四个自信"教育营造良好的文化氛围。

（四）以载体建设优化"四个自信"的教育平台

大学生"四个自信"教育不仅与高校思想政治教育、制度建设、实践教育等密切相关，还与"四个自信"教育平台建设密切相关。因此，在"四个自信"教育中，应充分发挥主流媒体的宣传教育作用，通过官方媒体、新闻网站等开展形式多样的"四个自信"宣传活动，以通俗易懂、轻松活泼、生动具体的事例讲解"四个自信"的思想内容、重要意义等，为高校"四个自信"教育营造良好的舆论氛围。此外，互联网已经成为大学生日常生活中必不可少的一部分，高校要善于利用网络，多开设一些专家论坛，方便师生借助网络平台对"四个自信"教育的相关理论进行分享和交流。

第三章　新时期大学生思想政治教育的方法创新

本章对新时期大学生思想政治教育的方法创新进行了阐述，主要包括三个方面的内容，分别是大学生思想政治教育的基本方法、新时期大学生思想政治教育方法创新的意义、新时期大学生思想政治教育方法创新的途径。

第一节　大学生思想政治教育的基本方法

高校辅导员作为开展大学生思想政治教育的专门力量、专业力量和骨干力量，是高等学校学生日常思想政治教育和管理工作的组织者、实施者、指导者，是高校育人工作的中坚力量。当代大学生思维活跃、视野开阔、精力旺盛、可塑性强，高校辅导员应该把对大学生的思想政治教育摆在突出位置。为了更好地帮助大学生成长成才，笔者总结了已有的研究成果，融合理论教育和实践教育，凝练出五个新时期大学生思想政治教育的基本方法，即理论渗透法、思想引领法、朋辈示范法、心理疏导法和实践锻炼法。

一、理论渗透法

（一）理论渗透法的含义

"渗透"的字面意思为"渗入""影响"和"熏陶"等，区别于教学法中的"注入式"或"填鸭式"方法，渗透既有润物细无声的滋养，又有水滴石穿的坚韧。这里的"渗透"就是指宣传教育、熏陶影响，强调的是以理服人，逻辑严密地将道理讲清楚、讲透彻，用理性的力量影响广大群体，从而达到影响和改变的目的。

在大学生思想政治教育中运用理论渗透法，是有计划、有针对性地将马克思主义理论教育渗透到大学生的日常学习、生活和实践中，通过学习、讲授、培训、研讨等形式和方法，引导大学生树立正确的思想观念。在进行思想政治理论教育渗透的过程中，要避免教条主义和僵化现象，要因时因地因人施教，要用大学生喜闻乐见的方式，用生动活泼的语言，用严密的逻辑，把马克思主义理论讲得清楚透彻，讲得有趣有味，讲得有理有据。

（二）理论渗透法的基本原则

1. 坚持社会主义意识形态不动摇原则

在运用理论渗透法时，我们必须始终坚守社会主义意识形态的阵地，确保传播的内容与社会主义价值观相契合。这意味着我们要在传播过程中坚决抵制各种错误思潮和不良信息的侵蚀，维护社会主义意识形态的纯洁性和稳定性。同时，我们还要积极宣传社会主义意识形态的先进性和优越性，增强大学生对社会主义的认同感和归属感。

2. 坚持社会主义意识从外灌输、向内渗透原则

"没有革命的理论，就没有革命的运动"[①]，中国共产党要推动社会的发展，要实现共产主义这一目标，首先要使人民群众掌握马克思主义理论，进而培养人民群众的社会主义和共产主义意识。但是，作为一种思想体系的科学社会主义不能自发地在群众中产生，只能从外面灌输进去。列宁的"从外面灌输"这一思想，时至今日仍然可用于大学生思想政治教育工作。当下，大学生关注自己所学专业较多，主动学习马克思主义理论者较少，因此，高校辅导员需形成合力，将社会主义意识从外面灌输，向里面渗透。另外，由于网络的广泛普及，大学生不可避免地接触到许多有害信息和消极言论，所以，更需要高校辅导员传递主流意识形态，培养合格的社会主义建设者和接班人。

3. 坚持理论渗透方向的正确性原则

高校辅导员要通过思想政治教育帮助当代大学生树立与社会主义现代化建设、社会主义核心价值观相符合的世界观、人生观、价值观。高校思想政治教育的过程从本质上来讲就是传递马克思主义理论的过程。坚持理论的灌输和渗透能

---

① 列宁. 我们的纲领[M]. 北京：人民出版社，1976.

保证当代大学生接受马克思主义理论内容的完整性，更能保证思想政治教育的主路线紧贴社会主义发展方向不偏离。

（三）理论渗透法的主要途径

1. 坚持与时俱进，拓展渗透内容

思想政治教育灌输和渗透的内容必须符合社会和时代发展的要求，唯有这样，才能培育出时代新人，也只有这样，思想政治教育才能体现其时效性和实效性。大学生思想政治教育灌输和渗透的内容必须服从和服务于党的中心工作。高校辅导员要关注时事政治，为爱国主义教育、民族精神教育、时代精神教育、道德教育注入新的内涵，拓展渗透内容，保持渗透内容的科学性。

2. 将显性和隐性渗透结合，实现渗透法创新

思想政治教育理论渗透是指教育者向受教育者传递既定的政治观点、道德观念，具有直接性和单向性。思想政治教育具有很强的理论性特征，如若采取单一模式进行理论渗透会导致学习氛围死板生硬，容易引起学生的逆反心理，使教育内容不能很好地内化为学生的个体表现，严重影响教育实效。当代大学生思想政治教育研究领域就此问题提出了新的突破点——课程思政，将思想政治教育理论最大限度地融入日常的各门课程中，探索多样性的融入方法。不再将大学生思想政治教育拘泥于高校辅导员、党组织教育等固定的对象和方式中，而是从学生专业课、选修课等学习常态的各方面进行渗透，利用一切教育机会用润物细无声的形式进行最有效的思想政治教育。因课程思政的教学方式对任课教师提出新要求，教师不可避免地要提升个人思想政治素养，主动学习更多思想政治教育理论，创新课堂教学模式。这是一种推动性的教学创新，并且对于教师个人的思想更新起到了意想不到的效果。教师必须具备扎实的理论知识，才可以将思想政治教育内容游刃有余地用于课程实践中，这是当代教师面临的新挑战与机遇，也是将思想政治教育作用最大化的时机。将思想政治理论作为隐性教育内容与其他课程进行显性结合，用学生不自觉就接受的方式开展学生兴趣较低、教育效果不佳的理论性教育，并达到教学目的，就是理论渗透法的典型运用。为了有效地运用理论渗透法开展思想政治教育，我们要自觉自信地传达思想理论，辩证地继承优秀传统文化，将这些隐性要素渗透到教育的载体中，营造有利于思想政治教育的环境氛围，实现显性灌输与隐性渗透的结合，增强渗透教育的吸引力、感染力和说服力。

3. 合理利用资源，主动创新渗透法的载体

载体是桥梁和纽带，是思想政治教育过程中各个要素建立联系的枢纽。要增强理论渗透法的有效性，优化和创新渗透载体尤为重要。教师的形象、课堂中营造的有利于渗透大学生思想政治教育的环境，可以成为课堂主阵地中的渗透教育载体。高校辅导员在学生的日常事务管理中融入真心真情，也能成为渗透思想政治教育的载体。学校的规章制度和校园人文环境都可以成为渗透思想政治教育的载体。所以，我们不应拘泥于传统的教育模式，要丰富思想政治教育的载体，使一切可以利用的资源要素合理发挥作用，以时政热点、真人真事为切入口，创新思想政治教育载体。

二、思想引领法

大学生肩负着时代的重任与使命，新时期呼吁新型人才的培养。加强对新时期大学生的思想引领，多方位促进大学生的全面发展，加快各类创新成果转化应用，具有重要意义。加强思想引领能够进一步发挥好当代高等教育的实效，引领青年大学生群体成长为新时期国家和社会发展需要的新型人才，契合国家人才发展战略要求。高校辅导员要以培养德智体美劳全面发展的社会主义建设者和接班人为己任，帮助大学生扣好人生的第一颗纽扣，把思想引领贯穿到育人的全过程中。

（一）思想引领法的含义

作为高校思想政治教育工作的中坚力量，辅导员是否能够有效地开展大学生思想引领工作，影响到高校培养什么人、为谁培养人的问题。思想引领是指辅导员以习近平新时代中国特色社会主义思想为指导，坚持深入引导和培育学生践行社会主义核心价值观；引领学生深入学习"四史"和形势政策，增强学生对习近平新时代中国特色社会主义思想的认识、理解与认同。辅导员要通过开展思想引领工作，增强大学生"四个意识"，坚定"四个自信"，做到"两个维护"，落实为党育人、为国育才的教育大计。

（二）思想引领法的基本原则

1. 坚持政治性原则

辅导员在进行思想引领过程中，要始终保持高度的政治觉悟和坚定的政治立

场，对有建设性的观点和思潮要敢于捍卫和拥护，对可能误导大众的错误观点和思潮要敢于批判和反对，要树立坚定的正确的原则和立场，在大是大非问题面前，要敢于批评反驳，要能带领大学生主动抵制社会上各种错误思想的影响。

2. 坚持理论与实践相结合原则

在进行思想引领的过程中，辅导员一定要讲理论、讲道理，工作要讲技巧、讲艺术。思想引领工作要做到以思想政治教育理论为基础，将理论有机融合到学习与生活现实当中，通过举例子、摆事实、讲道理的方式把理论说清楚、讲明白。学生领悟了、理解了、信服了，思想引领才能收到实效。如果仅仅是领悟到了理论，而没有令人信服的事例加以证实，引领效果可能会打折扣，这也是没有完成思想引领的全过程的表现。思想引领要想入心入脑，就需要辅导员引导学生将他们所学到的理论知识与实践相结合，做到学以致用。

3. 坚持创新性原则

要做好思想引领工作，辅导员还应该积极深入研究剖析现代大学生的特点，针对学生的特点，创新思想引领工作理念，改变思想引领工作的方式方法，要始终把创新理念和创新方法贯穿到辅导员思想引领工作的实践中，不断修正完善工作方法，通过创新思想引领工作，让辅导员的思想引领工作永葆生机活力。

（三）思想引领法的主要途径

习近平总书记对广大青年提出要求，即广大青年要勇敢肩负起时代赋予的重任，"坚定理想信念""练就过硬本领""勇于创新创造""矢志艰苦奋斗""锤炼高尚品格"[①]。

1. 坚定理想信念

高校辅导员要做好大学生的价值引领、信念引领、道德引领、文化引领。高校辅导员要引领大学生完整、准确地把握习近平新时代中国特色社会主义思想，增进对习近平新时代中国特色社会主义思想的认同感，以"四史"为内容，引导大学生形成正确的历史唯物观。

当代大学生往往把理想信念的追求定位在具体的人生目标上，没有开阔视野、上升高度地把对民族和国家的责任融入自己的人生目标中。高校辅导员要深入了

---

① 习近平. 在同各界优秀青年代表座谈时的讲话 [N]. 人民日报，2013-05-05（002）.

解大学生的内心渴望和真实需求，运用科学的方法分析和解读当代大学生现有的世界观、人生观、价值观，引领当代大学生树立适应中国特色社会主义的世界观、人生观、价值观。高校辅导员要以社会主义核心价值观为指导，用理论知识和价值认同引导学生明确人生方向，帮助学生坚定理想信念，提升思想境界，将个人发展与国家命运紧密结合。为此，辅导员要通过开展党团与班级建设，带领学生参与实训实践等方式，加强学生的思想政治教育和能力培养。

习近平总书记曾经在多个场合提到文化自信。[①]高校辅导员要以丰富多样的形式将继承与发扬社会主义先进文化的精髓、中国红色文化与中国革命文化的精神内涵等优秀传统文化的接力棒传递给大学生，引导大学生坚定文化自信。

2. 练就过硬本领

习近平总书记指出，"梦想从学习开始、事业靠本领成就。"[②]为实现个人的人生理想，为担当起时代的重任，当代大学生必须珍惜青春时光，努力掌握科学知识，练就过硬本领。在科学知识的学习中，大学生要做到认知水平能够跟上甚至超过时代的发展。在本领技能上，大学生要以严谨、细致、精益求精的态度磨炼工作技能。

高校辅导员可以从"抓学风，长本领"的学风建设中引领大学生练就过硬的本领。首先，要引导大学生具备国际视野和胸怀，将学习和掌握知识作为参与人类命运共同体建设的基础；要让大学生明确学习和掌握专业知识对个人人生发展及社会进步的价值和意义，把个人发展与时代进步紧密联系起来。其次，要引导大学生树立实现中华民族伟大复兴的责任意识。将个人发展与民族责任相融合，在大学生心中树立起是中国人就应该为中华民族的复兴伟业奋力拼搏的意识。最后，要引导大学生运用科学的方法，练就过硬本领。向书本学习，与知识为友，尊重历史经验，掌握马克思主义的观点和方法，理论联系实际，不断加强自己的知识储备，提升专业技能，与此同时，结合专业理论知识自觉了解大政方针，加强政治理论学习，更新本领技能。

---

① 新华网.学习进行时｜文化强国，习近平总书记强调坚定文化自信[EB/OL].（2023-07-11）[2023-03-23].http://www.xinhuanet.com/2023/07/11/c_1129741723.htm.

② 习近平.在知识分子、劳动模范、青年代表座谈会上的讲话[N].人民日报，2016-04-30（002）.

3. 勇于创新创造

创新不是空想，更不是口号。创新的前提是具备广阔且扎实的专业基础知识和科学的思维方法。高校辅导员要引导大学生总结借鉴前人的经验，积极转变学习方式，在自主学习、合作学习、探究学习中激发思维的火花，实现创新创造。高校辅导员要引导大学生主动参与实践实训活动，在活动中勇于尝试与创新，不断提升创造能力。高校辅导员要鼓励大学生积极参与各类创新创业大赛，并提供帮助与支持。随着互联网时代的到来，高校师生可以实时获得海量信息，高校辅导员可以借助这一新技术，为大学生搭建创造创新的平台，精准供给有益于大学生创新创造的信息资源，鼓励大学生把创新创造融入学习和生活中。

4. 矢志艰苦奋斗

"中华民族伟大复兴的中国梦终将在一代代青年的接力奋斗中变为现实。"[①]高校辅导员要率先垂范，身体力行，向大学生展现不畏难不怕苦的精神，在与学生共同面对困难时，多找方法少找托词，以人格魅力引领大学生。高校辅导员要激发大学生艰苦奋斗的精神和坚韧不拔的意志品质，与困难作战亦是精神对垒，在关键时刻为大学生打入"试一次，再试一次"的心理强心针，提升大学生的抗压抗挫能力。在实践实训中，端正大学生的态度，有意识地磨炼大学生的意志品格。

5. 锤炼高尚品格

人无精神不立，国无精神不强。大学生的精神风貌代表着国家未来的精神风貌。高校辅导员要结合历史与时政，引导大学生从"长征精神""抗战精神"等伟大的中国精神中汲取力量，锤炼品格。

思想引领法的实施过程中有一个重要因素，即引领者本身要有过硬的思想政治素质。目前，各高校的教学实践数据表明，高校辅导员是大学生思想政治教育过程中最重要的引领者，这意味着高校辅导员要对自己有更严格的要求。在日常的思想政治教育中，高校辅导员多采用言传身教的方式，言传对教师的要求是必须有基础深厚的理论知识才能获得好的教育效果。高校辅导员只有随着党中央的政策与理论更新，与时俱进地更新个人知识库，才能保持先进性，保证传授给学

---

① 习近平. 决胜全面建成小康社会 夺取新时代中国特色社会主义伟大胜利——在中国共产党第十九次全国代表大会上的报告 [M]. 北京：人民出版社，2017.

生的理论不落伍，成为理论前沿阵地的守护者。而身教则要求辅导员本身品行良好，做"四有"好教师，不仅要学识渊博，还要有高尚的道德情操，从个人做起，用一个践行终身学习理念的榜样形象带动学生一起学习，成为学生看齐的目标。高校辅导员坚持学习党的思想政治理论，并将其内化于心，外化于行，影响学生的言行，潜移默化地提升学生的思想政治素养，就是真正的思想引领，也是国家和社会对高校辅导员提出的辅导员职业化、专业化的要求。

三、朋辈示范法

（一）朋辈示范法的意义

在实际生活中，有人将"朋辈"理解为"同龄人""同届生""朋友"或是思想观念相似的人。由此可见，朋辈群体可以理解为：有着相似学习、生活和工作背景，大多年龄相仿，有相近的心理特征与行为方式，愿意实现信息交流的群体。

在思想政治教育中，可以利用朋辈主体性、互动性、渗透性的特征增强教育实效，使得教育内容能够被群体接受的同时，潜移默化地为个体所接受，并且实现个体的内化。朋辈教育融入思想政治教育，要获得科学系统且长效的发展，必须坚持正确的价值导向，必须尊重学生成长成才的发展规律，形成良好的教育体系，选择适当的教育路径和方法。

（二）朋辈示范法的基本原则

1. 落实"以人为本"观念和正确价值趋向

思想政治教育的终极意义是关注人的发展和实现人的价值。"以人为本"的教育理念，符合教育发展的趋势，更重要的是符合当前大学生主体观念加强的实际。"以人为本"的理念在教育过程中强调对受教育者既要引导也要尊重、关心。具体来讲，朋辈教育在融入高校思想政治教育时，首先需注意学生个体之间的差异性。以学生可接受为原则，进行适度教育，在教育过程中充分调动学生的积极主动性，从而推动受教育者的全面发展。其次需要教育者仔细倾听受教育者的需求和反馈，不排斥问题的产生，尊重受教育者内心最真实的声音，设身处地为受教育者考虑，真正做到"以人为本"。除此之外，需注意的是，在整个教育过程中，高校辅导员和朋辈示范者要扮演好引导者的角色，突出受教育者的主体地位，不能直接提出解决问题的方案,要花心思引导受教育者向朋辈寻求帮助、向优秀的朋辈看齐,提高自己解决问题的能力,实现受教育者的自我发展、自我完善。

在将朋辈教育融入高校思想政治教育的过程中,我们必须始终坚持以立德树人为核心的正确价值导向。朋辈教育作为一种新的思想政治教育方式,经由对学生进行榜样示范和自我教育等形式来促进高校思想政治教育工作的开展。高校思想政治教育的价值导向与朋辈教育的价值导向相契合,具体而言,朋辈群体之间应排除负面影响,坚持积极正面的导向。这就要求我们要把朋辈群体作为一个重要而又独特的教育资源来开发、利用。朋辈群体,特别是那些就读于高校的大学生,虽然表面上看起来只是处于一个和谐安宁的校园环境中,但实际上他们的思想观念却深受社会大环境的影响,无论是物质层面还是思想层面,都难以避免。这就要求我们对当代大学生进行正确的引导。信息化时代,网络信息的巨大复杂性还伴随着功利心态、怨恨心态、盲从心态等不良因素,这些因素腐蚀了大学生的思想和行为,导致他们出现了自我否定、迷茫懒散等心理问题。在此情形下,同龄人之间的互动变得复杂。如何将传统文化与当代互联网相结合,发挥好朋辈群体在思想政治教育工作中的积极作用成为摆在高校思想政治工作者面前的一项重要任务。高校辅导员必须始终坚持以社会主义核心价值观为指导思想,将朋辈示范法融入思想政治教育,这是一项非常重要的任务。

2. 遵循大学生的成长成才规律

在将朋辈示范法融入思想政治教育中时,高校辅导员应当以遵循大学生的成长成才规律为前提,并充分考虑客观实际情况。同时应注重发挥学生的主体性作用,引导大学生积极参加实践活动,促进大学生的自我完善。只有深刻理解大学生成长成才的内在规律,才能提升朋辈示范教育的针对性和实效性。为了遵循受教育者的成长成才规律,我们需要深入了解具体教育对象的思想水平、认知水平以及自律能力,并对其进行相应的教育以促进其全面发展。大学生的成长成才规律是一个错综复杂的系统,它涵盖了大学生自身的生理和心理发展特点,以及由于社会化而引发的一系列社会关系的演变。因此,研究大学生的成长成才问题必须把这两部分结合起来分析,既考察大学生在不同时期的身心状况,同时也考虑到外部条件对他们的影响程度。

举例来说,首先,大学生在经历了丰富多彩的校园生活之后,自身的认知水平、思想水平和觉悟程度都会在不同的时间段内发生相应的变化。这些变化影响了他们对新事物的接受程度，也会影响他们的心理状态。其次，大学生的个性特质和后天培养的素养各不相同，每个人都是独一无二的，受到家庭、周边环境和个人素质等因素的影响，每个人对新事物的接受程度、时间和方式也各不相同。因此，在进行大学生朋辈教育时就必须充分考虑到大学生的特点，结合大学生的群体特征，从多个方面入手，采取多样化措施，促进大学生健康成长。

大学生的发展规律非常复杂，因此在进行朋辈教育时，我们应该探索具有创新性的教育方式并且优化教育内容，以实现教育目标。在高校思想政治教育中，朋辈教育融入多种教育方式后，出现了一种一对一的帮扶形式。然而，随着朋辈帮扶者和帮扶对象双方的不断变化，如帮扶对象在成长之后不再需要朋辈的帮助，或者由于性格等原因导致两人相处不够和睦，或者朋辈教育者本身没有足够的能力胜任这份帮扶责任等，朋辈教育中出现的问题越来越多。为了确保朋辈帮扶的效果能够最大化，我们必须随时根据这些问题对帮扶对象或朋辈教育内容进行调整。当然这不仅限于帮扶这一教育形式，还包括其他的朋辈教育形式。

（三）朋辈示范法的主要途径

1. 课堂教学活动

习近平总书记曾指出，要"使各类课程与思想政治理论课同向同行，形成协同效应。"[1] 我们要将朋辈教育融入思想政治教育教学计划，与"思政课程""课程思政"等形成合力，画好协同育人的同心圆。

首先，朋辈教育是思想政治教育的重要补充和有效手段，它能够从多个方面促进思想政治教育教学目标的制定。第一，朋辈教育能够增强思想政治教育的针对性和实效性，通过学生之间的平等、自主、互助的思想交流和心理疏导，使思想政治教育更加贴近学生的实际需求，更有针对性地解决学生的思想问题。第二，朋辈教育能够提高思想政治教育的吸引力和感染力，通过学生之间的共性和亲和力的思想启发和价值引导，使思想政治教育更加生动有趣，更容易打开学生的心扉，激发学生的学习兴趣和参与热情。第三，朋辈教育能够拓展思想政治教育的渠道和资源，通过学生的创造力和多样性的思想交流和价值传播，使思想政治教

---

[1] 新华社. 习近平在全国高校思想政治工作会议上强调：把思想政治工作贯穿教育教学全过程 开创我国高等教育事业发展新局面 [J]. 教育文化论坛，2016，8（6）：144.

育更加丰富多彩，更广泛地涵盖学生的思想领域和生活领域。因此，朋辈教育是制定思想政治教育教学目标的重要因素，也是实现思想政治教育教学目标的有效途径。

其次，朋辈教育为思想政治教育的内涵拓展和延伸提供了有力的支持。朋辈教育在开展之初就以其特有的方式为思想政治教育工作提供了新的发展途径。通过对朋辈教育活动的总结反馈，我们能够不断完善互动的过程，还能够全面了解大学生的思想变化态势，避免形式主义，同时也能够避免思想政治教育内容脱离青年学生实际需求的问题。

最后，朋辈教育助力思想政治教育方式方法的丰富。教学方式的合理运用有利于坚持"思政课程"的主导地位不动摇，要实现"思政课程"与"课程思政"的协同发展最重要的是牢牢坚持"思政课程"的主导地位。在思想政治教育课堂的诸多类别中，采用课堂讨论形式，让学生以自身的经历和理解进行相互交流，由教师主导课堂进行总结，有利于教育内容的实施，特别是在心理素质教育课、生命安全教育课以及形势与政策课等课堂中，仅有教师的讲解会显得教育内容过于苍白，而加入朋辈教育活动之后，能充分调动学生参与的积极性，使课堂变得活跃。在职业生涯规划课等课堂中，专业教师能够给予理论指导和心理辅导。而具体技能实践方面的指导，需要考虑到社会实际的就业现状与大学生的实际需求。社会就业现状复杂且多变，高校教师不可能完全了解社会就业情况的方方面面。朋辈教育能够完美解决这个问题，高校教师可以邀请优秀毕业生参与职业生涯规划课，他们结合自身情况的讲授对于即将走入社会的大学生来说是非常实用且实际的，高校教师也借此达到职业生涯规划课的教学目的。

2. 校园文化活动

首先，以班级活动为依托进行朋辈教育。班级活动中思想政治教育性质较强的是班会和党日团日活动。班级支部推选出先进模范，进行交流发言。班级人数相对比较少，同学之间相互熟识，可以运用榜样教育的方法。树立榜样，是朋辈教育融入高校思想政治教育中运用时间最长且运用范围最普遍的方式。树立榜样需要进行精心的选择，并不是在某一方面或多方面都特别优秀的就合适。榜样的选择除了从学生的需要出发，更重要的是注意与其他学生的实际距离，这种距离并不是单指空间上的距离，还有学生本身与典型之间品质、能力的差距。选择正确的榜样，才能真正发挥榜样的示范作用，激发其他学生的观察学习动力，提升朋辈榜样的激励效果。在班级中树立榜样符合这样的观点，因为在自己班级中征求大家的意见选出的"榜样"比较有代表性，而且"榜样"就是自己的同学，是自己身边经常能接触到的人，更加具有亲和力。

高校班级支部在大学教育中具有十分重要的作用，高校的自由氛围使得高校班级凝聚力更强，要引导班集体的正确前进方向，学风班风建设尤为重要。依靠班集体的力量开展朋辈活动，在班干部的示范作用下进行班风建设，能助力良好班级学习氛围的形成。大学生朋辈教育有利于保障思想政治教育引导的成果，还可以通过发挥班级的榜样示范作用，对其他班级产生影响，从而促进各院系各班级的共同进步。

其次，以院系活动为依托进行朋辈教育。以院系活动为依托进行朋辈教育，可以着重推动朋辈教育网络平台化发展。当前是信息化时代，高校大学生普遍使用手机、电脑等网络终端设备，日常生活更是离不开网络。网络平台内容丰富、信息传播迅速，还具有用户交互性的特点，院系充分利用网络这一载体，可以很好地拓宽教育渠道，扩大教育范围。高校应着力于将思想政治教育内容以非严肃的方式进行网络平台投放，这里所说的非严肃是指不以长篇大论单纯说理的方式，而是用丰富的方式，如设置话题、问题咨询板块、讨论论坛等，以诸如此类的方式将思想政治教育融入其中，其优势表现在以下两个方面：一方面让学生能够在互动平台中大胆表达自己的观点；另一方面平台建设者可以全面、准确地把握学生的思想动态，清晰地了解学生在思想政治教育中的疑问和需求。

最后，以校园活动为依托进行朋辈教育。校园朋辈教育活动可以通过两种方式进行。一是由高校专门的思想政治教育者或是朋辈教育者负责，在大学生的生活区域，包括宿舍、图书馆、自习室等地方，设置朋辈教育工作室，工作室区域的大小根据实际情况而定，再设立专门负责该区域的朋辈辅导员，由朋辈辅导员对该区域的学生负责。朋辈辅导员下还可以设置宿舍负责人、小组负责人等，逐级负责。朋辈辅导员的设置实际上就是为了更加全面地了解学生的问题，及时发现问题、及时干预危机状况。高校各院系要将朋辈辅导员组织起来形成一个工作小组，定时进行工作总结反思，做到朋辈教育的全覆盖，从而在潜移默化中强化思想政治教育。二是由学校相关专业部门负责组织校园文化活动。校园文化活动作为校级活动，不能让学生自行摸索进行，而需要专业教师的带领。在专业教师的带领下，学生进行具体操作，这样一方面能够保证活动的顺利完成，另一方面也锻炼了学生的能力。校园活动是打造良好的高校教育氛围和教育环境的重要方式。校园活动包括学生亲身组织参与的活动，还包括学校特意组织的活动。学生亲身组织参与的活动包括"感动校园人物""争优创先先进个人"等优秀人物的评选活动。学校组织的活动包括组织观看相关电影或戏剧表演等，还有国庆节、国家宪法日等重要节日的活动。这些活动的开展不仅可以丰富校园文化，也可以反过来让校园文化的影响保证朋辈教育的教育效果。

3. 社会实践活动

社会实践活动是将朋辈示范教育与思想政治教育有机融合的一种重要方式。对大学生进行朋辈教育可以使他们更好地了解党和国家政策，学习新知识，掌握新技能，提高道德素质、树立正确的世界观、人生观和价值观。学校组织的社会实践活动有暑期"三下乡"，相关的理论宣讲活动以及一些支教服务和志愿者服务等。如何使朋辈教育的力量在教师带领负责、学生社团自行组织的社会实践活动中发挥作用，是一个值得深入探讨的议题。朋辈示范教育作为一种新型的育人模式，以其独特的优势成为高校开展思想政治教育工作的一个新途径。在实施朋辈教育活动时，需要借助朋辈教育团队的力量，借助朋辈教育示范者的坚实理论基础，以实现知识的高效传递和广泛传播。另外，朋辈教育活动的开展也离不开教师团队的建设与完善。为了打造一支优秀的朋辈教育队伍，高校必须对朋辈教育者队伍进行相对专业的选拔和培训，以确保他们具备足够的素质和能力。朋辈教育者是朋辈教育得以顺利运行的重要保证。

从目前的情况来看，大多数的朋辈教育者是由学校教师推荐或学生自荐的。那些经过严格筛选进入朋辈教育者队伍的学生，已经展现出了相当卓越的教育素养，然而，为了巩固培训成果，还要定期进行短期培训。培训时间可以是一年或更长。为了确保培训内容的全面性，除了加强思想政治教育的内容外，还需要提供相关心理知识的培训，以确保培训的全面性和有效性。此外，要注重与学生的沟通和互动，提高朋辈教育者与其他学生之间的关系质量。这样不仅能够提升朋辈教育在思想政治教育方面的作用，同时也可以让朋辈教育者深刻认识到自身在教育过程中的重要性。

坚持学生的主体地位是实现朋辈示范教育的重要理念。高校辅导员应将思想政治教育先进理念辐射给朋辈教育者，由他们在一次次活动中进行再次辐射，以传帮带的形式提升育人实效。

高校辅导员对完整的社会实践活动过程的把握，是确保活动成功进行的不可或缺的因素，要做好这项工作就需要辅导员具有较高的素质和能力。在具体的实践活动中，辅导员应以学生为中心，给予他们充分的支持和鼓励，使他们能够自觉地成为社会实践活动的主角。如在"三下乡"过程中，学生可以自行推进所有的活动环节，辅导员只需在错误的地方进行指引，就能达到最佳效果。在进行理论宣讲时，学生负责搜集、编辑和宣讲理论内容，而辅导员可以辅助学生工作。同时，要注意发挥朋辈的示范作用，在开展活动前要做好宣传鼓动工作，朋辈教育者可以通过与大学生建立起良好的关系来提高自身的素质和能力，从而更好地完成教育任务。

四、心理疏导法

习近平总书记在2016年全国高校思想政治工作会议中强调："要坚持不懈促进高校和谐稳定，培育理性平和的健康心态，加强人文关怀和心理疏导，把高校建设成为安定团结的模范之地。"[①] 思想政治教育以帮助受教育者树立正确的价值观、形成良好的思想政治素质为使命。心理疏导作为一种教育理念和教育方法，注重对受教育者在心理疏导的基础上进行价值引领。心理疏导法作为解决大学生心理问题频发的方法之一，是提升思想政治教育亲和力、针对性的重要举措，也是促进大学生身心健康发展的必然选择。

（一）心理疏导法的内涵

1.心理疏导法的定义

心理疏导从心理学中起源，是对认知心理学基础的深化。心理疏导有狭义和广义之分。狭义的心理疏导是心理治疗领域由专人帮助病患进行心理疏通引导，

---

① 习近平在全国高校思想政治工作会议上发表重要讲话[EB/OL].（2016-12-09）[2023-04-09].http://dangjian.people.com.cn/n1/2016/1209/c117092-28936962.html?ivk_sa=1025883i.

从而实现对疾病的治疗,使身体健康发展的治疗方法。[①] 广义的心理疏导指心理疏导者用语言或非语言的沟通方式进行心理层面的疏通和引导。[②] 心理疏导者利用心理学基本理论和技能,解决被疏导者的心理问题,帮助其改变不利的自我认知,提高其行为能力和适应力,促进其心理健康和人格发展完善。

心理疏导作为一种技能,可以应用于管理、教育、医疗、社区工作等多个领域,对于改善个人和家庭生活也是有很大作用的。从这个层面上来说,心理疏导是一种个人社交技能,它能够缓解和疏导个体出现的心理问题、发展困惑等,使得个体能够自我调节和自我发展,促使个人改善自我调控、协调人际关系的能力。

2. 大学生思想政治教育中的心理疏导

在大学生思想政治教育中,心理疏导是指通过运用心理学理论和技巧,运用解释、帮助等多种手段,对大学生进行共情交流、思想交流、情感疏导,以解决其发展性问题的过程。高校要做好大学生思想政治工作必须重视并加强心理疏导。高校可以设立专门的心理辅导工作室,对不同学生的心理状态进行细致分析,运用心理疏导手段,影响和改变大学生的思想和行为,从而推动大学生身心的全面发展。

大学生思想政治教育中的心理疏导是指运用心理学的理论和技能,结合思想政治教育的目标和内容,对大学生进行心理分析、心理调节和心理引导的教育活动。心理疏导的主体是具有心理学知识和思想政治理论素养的思想政治教育工作者,他们要能够根据大学生的心理特点和实际需求,灵活运用各种心理疏导的方法和技巧,帮助大学生解决心理困惑和情绪问题,培养积极健康的心态和人格。心理疏导的对象是全体大学生,特别是那些在学习、生活、工作等方面遇到困难和挑战,存在心理障碍或心理危机的大学生。心理疏导的目的是促进大学生的心理健康和思想成熟,提高他们的适应能力和创新能力,为他们的全面发展和终身发展奠定基础。进行心理疏导的场所不是固定的,既可以在课堂上进行,也可以在活动中进行,既可以在专门的心理咨询室进行,也可以在日常的生活场景中进行。心理疏导的内容包括开设心理健康课程、举办心理素质拓展训练、提供心理

---

① 宋劲松,王滨. 人文关怀与心理疏导——思想政治教育的创新指向 [J]. 天府新论,2008(2):13—16.

② 宋劲松,王滨. 人文关怀与心理疏导——思想政治教育的创新指向 [J]. 天府新论,2008(2):13—16.

咨询和测试、进行心理危机干预等。

（二）心理疏导法的基本原则

在心理疏导的前期，要做到"价值尊重"。高校辅导员对大学生进行心理疏导时，要以真诚为基础，让接受心理疏导的大学生充分感受到真诚、信任和接纳，要充分肯定大学生在心理矛盾中的积极因素。在心理疏导的中期，要做到"心理沟通"。高校辅导员在对大学生进行情绪疏导、事理分析的同时，调动起被疏导者自身的力量，使其充分认识到原有价值观和应有价值观之间的差异，并积极探索解决之法。在心理疏导的后期，要做到"价值引领"。高校辅导员要帮助被疏导者形成正确的价值观，提升其思想政治素质与道德素质。

（三）心理疏导法的主要途径

1. 强化大学生思想政治教育中心理疏导的观念

青年学生处于一个极易塑造又极不稳定的时期，这一时期，对扮演心理疏导者角色的高校辅导员正确关怀和引导学生提出了新的要求。对于每一位学生，高校辅导员既要了解他们入校前的学习及生活经历、入学的目的，以及入校后在学习、生活、未来理想等各方面的期望和想法，也要对每一位学生政治上不断成熟的想法和趋势有全面清醒的认识。高校辅导员要走到学生中去，拉近与学生之间的距离，理解学生的真实想法和诉求，以实践出真知，积累心理疏导的方法和经验。

2. 提高大学生主动接受心理疏导的意识

首先，改变大学生对心理疏导的错误认知。高校辅导员要加强对心理疏导在高校思想政治教育中的重要作用的宣传和教育，让大学生深刻认识到心理疏导是促进学生健康成长、提高综合素质、实现人生价值的必要途径，是解决学习、生活、人际等方面问题的有效方法，是培养积极心理品质、增强心理适应能力的重要手段。高校辅导员要通过多种形式和渠道，扩大心理疏导的校园影响力和覆盖面，提高心理疏导的知晓度和参与度，引导大学生消除对心理疏导的误解和偏见，树立积极主动的心理疏导意识。高校辅导员要定期组织大学生参与集体心理疏导活动，利用同伴的力量和影响，增强大学生对心理疏导的认同感和信任感，提升大学生的心理素质和心理健康水平。高校辅导员要引导大学生了解心理疏导的理念是以学生为本，尊重学生的个性和选择，鼓励学生在遇到心理困惑时主动向辅导员、心理教师或专业机构求助，积极表达自己的心理需求和感受。高校要举办心理疏导相关的知识竞答、心理剧、心理沙龙等活动，用通俗易懂的语言和贴近校园生活的主题，考查和提高大学生对心理疏导知识的掌握程度，对大学生存在的心理问题进行及时的指导和点拨，有助于大学生主动接受心理疏导。

其次，把握好心理疏导的时机和方法，提高心理疏导的针对性和有效性。要实现这个目标，高校辅导员要做好以下几个方面的工作：根据大学生的心理特点和发展规律，分析大学生的心理需求和心理问题，制定有针对性的心理疏导方案，采用适合大学生的心理疏导方式，提高心理疏导的吸引力和感染力；把握好心理疏导的情感时间点，做到既能满足学生的心理需求，又能避免引起学生的反感和抵触；要注意在学生情绪稳定、心态平和的状态下开展心理疏导，避免在学生情绪激动、心态紧张的状态下强行进行心理疏导；要注意在学生遭遇挫折和困难时及时给予心理疏导，借助外部力量帮助学生恢复心理平衡，增强学生的自信心和应对能力；要注意在学生取得成就和进步时适当给予心理疏导，引导学生正确看待自己的优势和不足，培养学生的自尊心和自我效能感；要注意在学生面临重大选择和转折时进行心理疏导，帮助学生明确自己的兴趣和目标，作出合理的决策和规划。

3.完善大学生思想政治教育中心理疏导的内容

（1）提高心理疏导内容的针对性

首先，高校要定期对心理疏导教师进行培训，拓宽从业教师的专业知识范围、强化其理论体系，并组织教师们参与公益活动，不仅能够帮助那些因社会或个人家庭因素产生一系列心理问题的个体，更可以丰富实践经验，运用到大学生心理疏导工作中。其次，高校进行的心理疏导既包括对学生因生活不适应而产生的心理问题的疏导，也包括学习、工作、情感、就业、专业发展等方面的心理问题的疏导。每个人的问题背后的原因不尽相同，因此必须根据每名学生的实际情况展开有针对性的疏导。

（2）实现心理疏导内容的多样化

大学生是一个充满活力和创造力的群体，他们的主体性应得到充分的尊重和发挥，以促进心理疏导工作的顺利开展。同时，要加强心理疏导者与被疏导者之间的沟通和互动，提高心理疏导的效果和质量。

在进行心理疏导时,疏导者要做好以下几个方面的工作:要充分了解大学生的心理需求和心理问题,尊重他们的意见和选择,鼓励他们主动参与和配合,让他们感受到被关心和被理解;要根据大学生的具体情况,制定合适的心理疏导目标和计划,采用灵活的心理疏导方式和方法,如个别疏导、集体疏导、网络疏导、电话疏导等,使心理疏导的内容更加多样化和丰富化,满足大学生的不同需求;要定期对心理疏导的过程和结果进行评估和反馈,及时调整和改进心理疏导的策略和措施,提高心理疏导的效率和水平。

(3)促进心理疏导内容与现实的融合

随着社会的发展和变化,大学生所面临的心理问题也变得更加多元化和复杂化。如何解决当代大学生存在的各种心理问题成为当前高校思想政治工作的重要课题。因此,高校的思想政治教育心理疏导的理论和实践体系必须不断进行创新和发展,以适应社会的需求和挑战。

在进行心理疏导工作时,高校心理疏导者要充分考虑大学生的心理特点和发展规律,选择最适宜的方式和方法;要将心理疏导与思想政治教育有机地结合起来,既要注重理论的指导,又要注重实践的检验,既要注重情感的培养,又要注重能力的提升,既要注重个体的差异,又要注重群体的共性,使心理疏导的内容与大学生的现实生活紧密相连,达到预期的效果。

当前,高校提供的心理疏导服务主要涵盖情感、认知和适应等方面,旨在帮助大学生建立健全的人格,提高心理素质,促进心理健康。高校心理疏导者在进行心理疏导时,要坚持理论与实践相结合的原则,运用多种心理学理论和方法,如心理分析、行为疗法、认知疗法、人本疗法、危机干预等,针对不同的心理问题,制定个性化的疏导方案,帮助大学生正确面对挫折,积极应对挑战,实现自我发展。

4.丰富大学生思想政治教育中心理疏导的方法

(1)激励疏导法

激励疏导法的特点在于肯定和鼓励人的正确行为,从而激发其主观能动性,调动人的积极性和创造力,为取得更大的成就做好充分准备。常用的激励引导方法有如下几种:

第一种目标激励法。这种方法要求教师设计出一系列有明确奋斗目标的活动,并通过各种有效措施使这些行为得以实现。目标激励法是一种通过设定明确的目标，不断激发大学生的积极性、主动性和创造性，从而实现教育目标的高效方法。

第二种是强化激励法。强化激励法是通过对学生的行为进行积极或消极的评价，促使其继续或终止自己的行为的一种激励方式。教师在实施强化奖励措施的过程中，必须时刻保持高度警觉，采取及时而有效的行动，因为拖延将不可避免地对激励效果产生负面影响。引导学生正确而积极的行为，同时对错误行为进行批评和制止，是疏导者应尽的责任。

第三种是信任激励法。信任激励法是指通过对学生的信任、认可、尊重等方式激发学生的主观能动性，促使学生积极向上的一种方法。信任激励法能够让学生通过他人的认同、鼓励来增强自信心和自尊心，提高其积极性，有助于学生健康人格的形成。

（2）渗透疏导法

渗透疏导法是一种利用无意识教育原理，以潜移默化的方式将疏导工作渗透到学生培养过程中的方法。在学校管理和教学活动中应用渗透疏导法时必须坚持"以人为本""以学生为中心"的原则。采用隐性教育模式的渗透疏导法，以潜移默化的方式引导学生的心理状态。在学校里，教师要善于利用各种途径，使自己与学生之间产生一种情感上的共鸣。加强对每一位学生的关注，并充分利用心理健康教育等一系列具有渗透效果的活动课程，这一措施对于推进渗透疏导工作具有显著的助益。

教师应当以自身的涵养和人品为媒介，深入挖掘学生的人格魅力，从而在潜移默化中对其产生积极影响。教师应该把教书育人放在第一位，用高尚的师德感染和熏陶学生。身体力行胜于口头传授，学生将从教师身上汲取卓越的个人修养，不断追求进步。教师还应该利用各种方式对学生开展引导工作，从而提高班级管理效果。此外，学生还可以通过参与文化、体育等多种形式的活动来进行心理疏导，这种方法不仅可以缓解学生的压力，还有助于培养他们的兴趣爱好，在轻松愉悦的环境中启迪思想、陶冶情操。

（3）体验疏导法

体验疏导法就是让学生通过亲身感受、思考、表达，获得对事物更深刻的理解和认识，并能自觉调整自身心态来应对各种问题与挑战。体验疏导法是一种通过参与社会实践、参加班团活动、参加社团活动等学生活动，以释放学生内心的压力和不良情绪为手段，帮助学生认识自我、解决问题的高效方法。体验疏导法可以有效地促进师生情感共鸣。学生参与轻松的集体活动时，会逐渐摆脱内心的防备和束缚，从而勇敢地表达自己的情感和感受，这有助于促进教师和学生之间的良性互动。

（4）互动疏导法

互动疏导法是通过教师与学生之间进行情感上的沟通和交流来达到教育目的的心理疏导方法。这一种交流方式更贴近学生的日常生活，更容易被学生接受，构建师生之间的平等互动模式。在这种互动过程中，师生互相启发、共同学习。

建立平等的交流机制，强调大学生的主体性和主动性，有利于营造良好的师生关系，使教师更好地把握好自己的教学方向。不同于传统的疏导模式，互动疏导法以学生为中心，摒弃了以教师为主导的说教方式。因此，心理疏导的主导者应该以学生为中心，耐心倾听他们的困惑和需求，成为他们亲密的伙伴。通过对学生心理状态的分析和判断，了解他们的真实想法。在了解学生错误观念和行为的基础上，采取有效的沟通引导措施，与学生在平等、民主的氛围中展开交流，从而实现学生的自我成长，避免不良后果。

5. 加强大学生思想政治教育中心理疏导队伍的构建

（1）推进心理疏导队伍专业化发展

首先，加强心理疏导教师的专业素养，提升其专业技能水平，加大对高校心理辅导教师队伍建设的投入力度。为确保心理疏导人才在高校工作的各个阶段得到全面培养，必须建立完善的培训体系，提供相应的学习培训机会，以确保心理疏导教师在入职前和入职后都能获得优质的学习培训机会。

其次，需要建立畅通的职业发展渠道，以促进心理疏导教师的职业晋升。目前我国大多数高校的心理疏导教师队伍都属于行政体系。专职心理疏导教师的晋升途径可分为两大类，一类是通过行政程序实现的，另一类则是通过教师的职业发展实现的。尽管专职心理疏导教师在许多高校备受重视，但仍有一些高校未能将其纳入教师队伍之中。同时也说明，目前我国对心理健康教育的重视程度还不够，还存在着许多亟待解决的问题。为了实现专职心理疏导教师的职业发展，必须将其晋升至行政职务并确定相应的管理等级，否则只能停留在当前的阶段，缺乏发展前景。教育部出台的一系列相关政策性文件为高校心理素质教育相关专业的教育工作者的发展提供了必要的政策保障。

最后，对心理疏导教师进行动态化管理。高校应在心理疏导教师的资格认证、入职标准、绩效考核、队伍管理、专业培训等方面有针对性地制定一系列政策，以促进专职教师的培养和发展。

（2）建立结构合理的心理疏导队伍

从现有的情况来看，我国高校的心理疏导人员主要由专职心理疏导工作者和兼职心理咨询员。然而，高校心理疏导人员的数量较少，这导致他们肩负着过于繁重的职责，无法满足高校对学生心理问题疏导的实际需求。由于心理健康教育课程教学任务重，时间紧张以及受传统教学模式的影响，有些高校都缺乏兼职的心理疏导教师，这严重制约了心理疏导事业的发展。为了解决教师队伍短缺的问题，高校需要在扩大心理疏导队伍规模的同时，积极推进兼职教师队伍的建设，以打造一支专业与兼职相得益彰的心理疏导队伍。此外，高校还要建立完善的制度体系，加强心理疏导队伍的管理与考核，使其发挥应有的作用。通过挖掘和吸纳具备心理学、教育学等相关专业知识的校内外人员加入高校心理疏导队伍，可以形成多学科交叉融合的团队。这有助于从多个角度结合实践经验，对大学生的心理问题进行深入分析和研究。此外，通过开设心理健康教育课程，加强对学生的心理素质培养与指导，可以帮助他们树立正确的世界观、人生观、价值观。设立班级心理委员可深入了解学生的内心世界，实时掌握其思想动态，传递正能量，使心理疏导工作贯穿于学生的学习和生活的各个方面，从而有助于心理疏导工作的全面展开。

五、实践锻炼法

"中华民族伟大复兴，绝不是轻轻松松、敲锣打鼓就能实现的。"[①] 空谈误国，实干兴邦，注重大学生实践能力的培养在大学生思想政治教育中有着重要地位。

---

① 习近平.决胜全面建成小康社会 夺取新时代中国特色社会主义伟大胜利——在中国共产党第十九次全国代表大会上的报告[M].北京：人民出版社，2017.

（一）实践锻炼法的含义

实践锻炼法是指通过教育者有计划有目的地组织引导受教育者参加形式多样的社会实践活动，在实践实训中培养教育者的优良品德和行为习惯的教育方式。相较于传统意义上思想政治教育理论课而言，实践锻炼法的优势在于其以丰富的实践活动为载体、以知识体验为动力，调动大学生学习的主动性和积极性，促使大学生在实践体验中实现知行合一，在交往互动中健全人格，在实践中体会知识的价值，在学思践悟中实现全面发展。

实践锻炼法旨在通过丰富的实践活动，如劳动教育、社会服务、社会考察，来提高受教育者的思想道德品质和认识能力，在受教育者的成长过程中发挥着积极的作用。

（二）实践锻炼法的基本原则

坚持正确的教育原则是保障大学生思想政治教育实践教育活动有序开展的必要条件。把握好实践教育开展的正确方向，必须坚持思想政治教育第一课堂与第二课堂相结合的原则、实践能力提升和道德素质培育相结合的原则、大学生成长成才和服务社会相结合的原则、国家政策导向和社会热点问题相结合的原则。

1.坚持思想政治教育第一课堂与第二课堂相结合的原则

思想政治理论课第一课堂是指依据思想政治理论课课程大纲的要求和既定的人才培养方案，在一定的时间和空间内实施的课堂教学活动；第二课堂是指除课堂教学以外的有专人组织引导、学生自愿参与的实践教育活动。第一课堂和第二课堂在大学生思想政治教育过程中各有侧重，共同承担着促进大学生身心全面发展的重任。

第一课堂是大学生思想政治理论知识学习的主阵地，大学生在课堂中可以接受系统的马克思主义理论教育，对大学生理论素养的提升具有重要的意义。只有通过课堂学习夯实理论知识基础，实践教育活动才能有科学理论的指导。第二课堂以内容丰富、形式多样的实践活动为载体，把第一课堂延伸到生活场景之中，相较于第一课堂更具有灵活性和互动性，更能激发学生的参与热情，有利于大学生内化课堂知识，并外化为自觉行为，促进大学生实现知行合一。

大学生思想政治教育以第一课堂与第二课堂相结合的方式进行，是其综合性的本质体现。反之，实践教育和课堂教学截然分开，认识脱离实践，将会使大学生思想政治教育成为空洞的观念性教育活动。因此，必须坚持第一课堂与第二课堂相结合。一方面要加强对课堂教学的课程建设，推动课程体系和教学体系创新；另一方面，要充分挖掘实践教育活动中的思想政治教育资源，有效推动实践教育活动的开展。

2. 坚持实践能力提升和道德素质培育相结合的原则

实践能力提升和道德素质培育是大学生思想政治教育必不可少的两个目标。实践能力是指大学生认识社会、改造社会的能力，是大学生专业知识、个人才干的体现。道德素质培育则是指通过教育引导，培养大学生正确的世界观、人生观和价值观，树立良好的道德观念和道德品质。这包括培养学生的诚信意识、责任意识、团队意识等，使他们成为具有高尚道德情操的人。

开展大学生思想政治实践教育，必须关注其实践能力提升与道德素质培育两个目标的双向提高。实践能力的提升与道德素质的培养并不是此消彼长或两个不同的过程，其实际是一体两面、同时生成的。撇去任何一面而单独谈另一面都是不合理且不符合实际的。在大学生思想政治教育中，实践能力提升与道德素质培育是相互促进、相辅相成的。一方面，实践能力的提升有助于大学生更好地认识社会、适应社会和改造社会，增强他们的社会责任感和使命感，从而促进道德素质的培育。另一方面，道德素质的培育能够引导大学生树立正确的价值观和行为准则，增强他们的自我约束力和道德判断力，从而有助于实践能力的提升。

因此，在大学生思想政治教育中，我们应该始终坚持实践能力提升与道德素质培育紧密结合的原则。在课程设置、实践教学、校园文化等方面，注重实践与理论的有机结合，充分发挥实践育人的作用。同时，加强道德教育，引导学生树立正确的价值观和道德观念，培养德才兼备的优秀人才。只有这样，我们才能真正实现大学生思想政治教育的目标，为国家和社会的繁荣发展作出贡献。

3. 坚持大学生成长成才和服务社会相结合的原则

大学生思想政治实践教育的推进，必须与大学生身心协同发展的目标一致，同时充分发挥其社会价值，进而推动社会对大学生的全面培养。大学生思想政治教育研究者通过对大学生思想政治教育和社会价值的内涵及相互关系进行分析，提出了构建高校思想政治理论课实践基地建设模式，并探讨其运行机理。

在实践教育中，大学生的个人价值和社会价值之间存在着一种相辅相成的关系。作为特殊群体，大学生的个性心理具有独特性和复杂性特征。大学生的德智体美劳发展得到了社会提供的平台和资源的支持，同时也得到了环境和智力方面的支持，以便他们能够开展各种实践活动。在大学生思想政治实践教育中，我们应该坚持将大学生成长成才和服务社会相结合的原则，不仅要满足大学生身心发展的需求，促进其思想品德素质的提高，更要凸显其社会价值，为社会和人民提供服务，在实现社会价值的过程中走向全面发展。

4. 坚持国家政策导向和社会热点问题相结合的原则

党中央高度重视大学生思想政治教育工作，做出了一系列重大决策部署，为开展大学生思想政治教育实践活动提供了政策导向。这些政策文件既肯定了实践教育对大学生思想观念、政治素养、道德品质等素质培育的重要意义，也为新形势下如何推动大学生思想政治实践教育指明了方向。

在响应国家政策导向的同时，大学生思想政治实践教育也应当具备与时俱进的精神，树立问题导向，集中精力解决社会面临的热点和复杂难题。随着我国经济发展进入新常态，社会主要矛盾发生了转变，社会生活各领域都呈现出多元化发展趋势，大学生思想政治教育面临着严峻的挑战。每个时代都有其独特的问题和使命，而社会的热点和难点问题则是时代的聚焦点，关注这些问题不仅可以帮助大学生更深入地了解当前的国情和社情，紧跟时代的步伐，还可以为这些问题的研究和解决提供智力支持和行动力量，从而促进社会的发展。因此，大学生思想政治教育需要将这些热点和难点问题与自身工作实际相结合，积极回应时代需求，服务于大学生成长成才的目标。当下，大学生思想政治实践教育应该助力国家乡村振兴战略的实施，响应到基层锻炼的号召，激励青年大学生不忘初心，砥砺奋进，在奉献自我中实现人生价值。

（三）实践锻炼法的主要途径

高校辅导员等思想政治教育工作者要将思想政治教育与社会实践结合起来，让大学生在实践中提高理论知识和思想认识水平。为更好地发挥思想政治教育实践教育的育人功能，高校还必须不断地丰富和创新实践活动形式，利用新平台、新技术拓宽学生视野。

1. 关注学生心理，推行心理健康实践教育

在当今社会、家庭、学业等多方面的压力下，一些大学生心理疾病频发，因此，唯有引导他们保持健康的心理状态，才能在此基础上使大学生树立正确、积极、向上的价值观念。

在进行大学生思想政治实践教育的过程中，应特别关注大学生的心理健康状况，并适时开展一系列面向大学生团体或个体的心理健康教育活动，以轻松愉悦的氛围和开放的形式，使思想政治教育更深入地渗透到大学生的内心世界中。同时要加强对教师的引导与管理，提升高校辅导员自身的素质，提高其工作能力，帮助有需要的大学生走出心理困境。为了提高大学生的心理健康水平，学校可以建立心理健康教育网络，其中包括设立心理健康教育活动月、举办各种心理健康体验活动、设置心理宣泄室等方式，为大学生提供放松身心、减轻压力的机会和场所。同时，也可以在校外举办心理教育活动，如帮扶活动和吐槽大会，可以帮助大学生释放压力、净化内心。

总而言之，高校应开展丰富多样的心理健康教育活动，向大学生传递积极向上的能量，引导他们以健康的方式缓解内心压力，提升心理承受能力，将压力转化为动力，为思想政治教育工作的深入推进奠定坚实的基础。

2. 牢记初心使命，深化理想信念实践教育

对于青年大学生而言，坚定自己的信仰和理想，补足精神上的"钙"是至关重要的，因为这关系到他们未来的发展方向和前途。

脚下有信仰，心中有力量。理想信念作为人生追求的至高境界，对青年学生具有重要影响。理想与信念相互交织，若脱离信念，理想便成为一种空洞无力的幻想。高校要把坚定理想信念作为思想政治教育工作的首要任务，用理想信念来指导我们的行动。开展理想信念实践教育，应当以坚定社会主义和共产主义信仰为目标、马克思主义理论教育，强化爱国主义教育、中国共产党党史教育。在当前的时代背景下，加强理想信念教育需要充分挖掘红色资源的潜力，以红色资源为支撑，开展具有实践性、体验性和情景式特点的教育活动，让大学生在深入了解党情国情的基础上，铭记革命先辈的初心。在红色文化实践教育领域，我们需要进一步探索和创新教育模式，以更好地满足大学生的需求。首先，应充分挖掘高校所在地的红色文化资源，建立红色文化教育基地，并与其他地区建立共享机

制，有计划地展开现场教学和实践活动，以促进红色文化的发展。同时也要注重引导大学生参与其中，使其感受到真实的革命情景。其次，对活动细节进行精细化处理，以提升活动的仪式感和现实感，还原历史场景，从而增强他们的体验感。在活动策划中，必须善于把握时机，善于利用重要的历史节点，策划出一系列富有爱国主义情怀的活动，从而提升学生的体验感。

3. 磨砺精神意志，开展意志磨砺实践教育

在实践教育的过程中，为了培养大学生的坚定意志、崇高理想、环境适应能力和心理承受能力，需要设定一系列具有挑战性的条件，这就是所谓磨砺实践教育。磨砺实践教育作为一种全新的育人理念与模式，对高校思想政治理论课教学产生了积极影响。在当前的大学生思想政治实践教育中，军事化训练管理，培养了大学生服从命令、遵守纪律、勤劳自律的精神，这一系列意志磨砺教育已经取得了显著的成效；在勤工俭学的过程中，大学生培养了不屈不挠、勇攀高峰的精神；社会服务锻炼了大学生吃苦耐劳、无私奉献的精神。

未来的大学生思想政治教育应更加注重磨砺教育对大学生意志品格的培养。为此，我们需要不断创新磨砺教育的形式，利用"互联网+技术"的优势，开展一系列富有意义的磨砺实践教育活动，以解决大学生中存在的共同、普遍的问题。我们可以通过网络虚拟平台、校园网络平台以及各种媒介平台进行锻炼与交流，如越野夏令营、重走长征路，让大学生亲身感受到生活的艰辛与美好，从而树立坚定正确的理想信念，增强艰苦奋斗的精神。为确保大学生磨砺实践教育活动的安全性，我们需要不断完善磨砺教育的各项机制，并构建循序渐进、由易到难的科学体系，鼓励大学生在磨砺自我的过程中不断进步。

4. 弘扬奉献精神，推进志愿服务实践教育

志愿服务是不以功利为导向的服务社会、积极为社会作出贡献的行为，其价值和意义不在于报酬的多少。随着时代的发展和高校人才培养目标的改变，志愿服务已经成为当代大学生成长成才的重要途径，也越来越受到高校学生工作者的重视。志愿服务实践教育的开展，为大学生提供了一种传递爱心、奉献力量的途径，使其在助人助己、乐人乐己、为人为己的过程中实现个人价值，并成为大学生思想政治教育中不可或缺的重要方式。

目前，大学生志愿服务实践教育得到了教育界的充分认可，并在社会上赢得

了广泛称赞。为了确保志愿服务实践教育的质量，我们必须在规范、创新和形式上下功夫，以吸引更多的大学生积极参与到志愿服务中，并让他们在志愿服务实践中获得更多的收获和启示。我们从三个方面入手，切实提高高校志愿服务的工作质量。

首先，要强化规范性。高校应建立一套志愿服务的组织、实施以及评价规范体系，避免活动流于形式，杜绝摆拍、不做实事等弄虚作假行为。

其次，需要在内容上进行创新。目前部分高校缺乏对学生进行思想政治教育的时间和空间，这导致部分大学生对社会的责任感淡化。而志愿服务，作为一种重要的社会活动，是学校开展思想政治教育重要载体之一。

最后，我们需要运用网络技术来促进志愿服务实践教育的实施，以适应时代的发展需求。随着信息技术的不断发展，网络成为人们获取知识的主要途径之一，而利用现代科学技术进行社会活动则是当今时代的一大特色。互联网的灵活性、开放性和广泛性，使其具备了无可比拟的优越性。利用互联网开展志愿服务活动能够让学生们更方便地获得信息资源。因此，在实施志愿服务实践教育的过程中，我们应充分利用网络科技，探索创新的虚拟实践模式，以提高教育质量和效果。依托互联网平台创新大学生志愿服务活动。一方面，我们可以创建弘扬正能量的专题网站，将志同道合的大学生聚集在虚拟社区中，赋予他们发起实践主题的权利，进行集中讨论，制订志愿服务计划，并在线下各自完成实践后在网络社区分享经验，而后进行总结反思。另一方面，借助互联网的力量，我们可以拓展"互联网＋在线服务"和"互联网＋公益慈善"的模式，通过线上宣传和监督，实现大学生在公益活动中的全程参与，从而形成线上线下互动的公益活动模式。

5. 加强校企合作，深化学生专业实践教育

高校与企业的深度合作，有助于学生在专业实践中将课本知识转化为实践经验。通过岗位服务，不断培养学生的集体意识、奉献意识；通过特长展示，增强学生的自信，促进学生综合素质的提升；通过学术活动，提升学生的专业素养。高校也应该整合资源，与政府、企业等携手建立高质量的实习实训基地，为学生的专业实践教育提供条件。

第二节 新时期大学生思想政治教育方法创新的意义

随着经济全球化的持续深入，社会主义市场经济体制的建立和完善，以及信息化对社会的深远影响，我们的社会正在经历快速的转型。同时，高等教育也在不断发展和进步。这些变化对我国大学生思想政治教育产生了广泛而深刻的影响，使得大学生的思想状况也发生了相应的变化。因此，我们迫切需要创新大学生思想政治教育方法，使其能够紧跟时代发展的步伐，实现与时俱进。

一、新时期大学生思想政治教育方法存在的问题和不足

（一）重教师主导作用，轻学生主体地位

大学生在思想政治教育中的主体地位，一方面表现为思想政治教育的"目的合理性价值"，即实现道德对人生的调节、引导和提升；另一方面表现为思想政治教育维护国家政权、维持社会稳定的"工具合理性价值"。[1] 我国传统的思想政治教育方法较强调教师的主导作用，忽视了学生的主体地位，在一定程度上偏离了对人自身道德建设的"目的合理性价值"。具体表现在两个方面：一是认为德育过程等同于智育过程，忽视了大学生对伦理道德的主观思考；混淆了"掌握"和"认同"的概念，没有对大学生外在道德需求向个体道德需求转化的心理接纳给予足够的重视；忽视了大学生面对的实际问题，缺乏促进大学生全面发展的服务意识。二是缺乏双向交流的单向主客体教育方式使大学生在受教育过程中处于被动接受状态，失去了建设自身道德的内在热情；大学生掌握的道德规范、准则体系不能主动地内化为道德信念，导致"知而不信"；道德信念不足以外化，以支持和指导道德行为，表现为"言而不行"。

（二）重传统人际传播，轻现代科技

当下，大学生思想政治教育主要依靠人际传播，这种传播方式无须经过中介作用，说者与听者的传播关系具有完整性，人们通过直接的个性对话沟通心声、交流情感、达成共识。传统的上课、做报告和参观访问等人际教育方法，在

---

[1] 于永成.大学生思想政治教育方法模式的建构研究[D].北京：清华大学，2004.

过去的历史条件下发挥了重要的作用。但随着经济全球化进程的逐渐深入,信息技术迅猛发展,大众传媒高度发达,大量的音频、视频、图片等冲击着大学生的视觉和听觉世界,其传播速度之快、传播范围之广、传播渠道之多,加大了大学生思想政治教育外部环境的不可控性,也使教育者传统的信息优势地位逐渐丧失。在网络思想政治教育中,我们的"超前服务"功能相对滞后,这导致了我们的信息传播质量不高。此外,我们的教育评价体系在定量分析与定性分析之间缺乏统一性,这使得大学生思想政治教育的"公信力"面临前所未有的挑战。

(三)重课内理论灌输,轻课外生活实践

众所周知,只有在科学理论的指导下大学生思想政治教育才能帮助学生树立正确的世界观、人生观和价值观,但是科学理论需要教育者对学生进行灌输,不能由学生在头脑中自发形成。因此在传统教育中,理论灌输法就成了大学生思想政治教育中常用的一种方法。其中,集中式的课堂理论灌输方法因便于人、财、物的组织和管理而受到高校的普遍青睐。在实际工作中,我们忽视了与课内理论灌输相辅相成的一个重要环节——课外生活实践。一些大学生思想政治教育工作者忽视了研究复杂的教育环境给大学生思想政治教育工作带来的多方面的影响,不重视教育对象的思想实际,不注重分析青年大学生所关注的热点、难点问题,而把主要精力放在"形式翻新"上,甚至只满足于完成上级组织或领导交付的任务,陷入琐碎的事务当中。上述教育形式割裂了形式与内容的关系,导致大学生思想政治教育同教育对象的思想实际分离,不仅发挥不了大学生思想政治教育的积极作用,甚至会产生一些负面影响。

(四)方法比较陈旧

目前,在大学生思想政治教育工作中,一定程度上存在着教育方法陈旧、手段有限的情况。许多教育者认为大学生已经是成年人了,应当具备自我管理的能力,对学生中存在的错误言行采取轻描淡写、放任式的教育方法。当然,开展大学生思想政治教育工作,充分发挥受教育者的积极性是非常重要的,但这并不意味着要任其脱离正确的轨道。教育者如果以推行"个性化"为教育口实,对学生的错误不闻不问,实际上是在放弃思想政治教育工作。其实,在大学生思想政治

教育方法中，惩戒手段是必要的，但运用必须适度，否则不但达不到惩戒的目的，还会使受教育者产生逆反心理，造成不利影响。

（五）手段创新不足

随着改革开放的深入发展，物质文明越来越丰富，计算机网络开始进入千家万户，大学生成为网络时尚中的弄潮儿，他们尽情地享受着网络带给他们的乐趣，也相应地产生了网络伦理方面的问题。传统的大学生思想政治教育方法已不能满足新形势的需要，大学生思想政治教育工作者运用网络、了解时代的步伐往往落后于教育对象，方法创新不够，手段有限，使大学生思想政治教育落后于时代，不能适应新形势、新任务的需要。

二、创新新时期大学生思想政治教育方法的意义

（一）适应复杂多变的国际国内发展趋势

随着以知识化、信息化、产业化、网络化为特征的经济全球化步伐的迅速加快，经济一体化、文化多元化和生活多样化直接冲击着我国大学生思想政治教育创新工作，大学生思想政治教育的环境、任务、内容、渠道都发生了深刻变化。为了适应这种变化，我们必须了解新情况，研究新问题，把握新特点，正确认识全面推进大学生思想政治教育创新的重要性，做到与时俱进，积极探求大学生思想政治教育创新的路径，不断提高大学生思想政治教育方法创新工作的针对性、实效性和主动性。

（二）解决大学生深层次思想问题

社会的发展、时代的变迁、教育的变革，使得一些与我国国情、高校育人目标不相容的东西进入校园，给校园带来了不良的影响。因此，推进大学生思想政治教育方法创新已成为解决大学生深层次思想问题的必然要求。

（三）对进一步落实习近平新时代中国特色社会主义思想具有重要意义

习近平新时代中国特色社会主义思想是对马克思列宁主义、毛泽东思想、邓小平理论、"三个代表"重要思想和科学发展观的继承和发展，是马克思主义中

国化、时代化的理论成果。我们要始终坚持用辩证唯物主义的发展眼光去看待和把握大学生思想政治教育出现的新情况、新特点,坚持教书与育人相结合,学校教育与学生的自我教育相结合,政治理论课教育与实践锻炼相结合,解决思想认识问题与解决实际困难相结合,思想教育与严格管理措施相结合,积极探索大学生思想政治教育方法创新的有效机制。

第三节 新时期大学生思想政治教育方法创新的途径

一、大学生思想政治教育方法创新的原则

在新的历史条件下,为使大学生思想政治教育更加适合青年大学生的思想实际,更加适应社会发生的巨大变化,必须改进大学生思想政治教育方法中的一些不足之处,推动大学生思想政治教育方法的创新。只有这样,才能更好地改进和加强大学生思想政治教育,切实提高大学生思想政治教育的实效性。大学生思想政治教育方法的创新应遵循以下原则。

(一)针对性原则

针对性就是指从实际出发,有的放矢地选取不同的方法解决不同的问题,要具体问题具体分析。它实际上就是实事求是原则在大学生思想政治教育方法选取过程中的运用。[1] 俗话说"一把钥匙开一把锁""对症下药",讲的就是实践活动中的针对性。大学生思想政治教育的开展,应该根据大学生思想政治教育的内容、教育对象的特点和思想实际状况等选取有针对性的教育方法。针对性原则旨在使大学生思想政治教育做到既符合实际和教育自身的要求,又符合大学生的思想状况和发展的客观规律,以提高大学生思想政治教育的科学性和有效性。

(二)综合性原则

所谓综合性原则,指的是大学生思想政治教育工作者在把握各种教育方法特点及共同趋向的基础上,进行协调综合,形成服务于实现共同目标的统一方法。

---

[1] 周中之,石书臣.现代思想政治教育理论与实践探微[M].北京:人民出版社,2009.

它要求教育主体同时或先后运用多种方法进行综合教育。

坚持大学生思想政治教育方法选取的综合性原则，有以下几个方面的依据。

第一，受教育者的思想、行为是在互相联系、互相制约的主客观条件和各种复杂因素影响下产生的，只有坚持综合性原则，才能使正确的思想和行为得到发展和巩固，才能使不正确的思想和行为得到抑制和纠正。

第二，受教育者的社会参与活动是多方面的，其人际交往、接收的信息也是多方面的，因此大学生思想政治教育工作者需要了解和引导的内容以及使用的方法也必然是综合性的。

现代社会条件下，影响人们思想的因素有很多，大学生思想政治教育工作者在选择大学生思想政治教育方法时，应在遵循大学生思想形成和发展的规律的基础上，强调综合性原则，注重教育过程的循序渐进和各阶段的衔接，加强预防教育和反复教育的力度。

（三）实效性原则

大学生思想政治教育工作必须讲求实效。在现实生活中，部分大学生思想政治教育工作者由于不讲求教育方法，不注重实效，从而使思想政治教育的真正目的难以实现。讲求实效性原则主要表现为以下两个方面。第一，要求教育者能够及时发现问题。在大学生思想政治教育工作中，教育者要善于及时发现学生的思想苗头。由于高等教育的特点决定了大学教师不可能像中学教师那样经常跟学生在一起，因此教育者要善于收集学生的信息，要善于从学生干部、学生党员或其他学生身上获取信息。第二，要求教育者能够及时处理问题。发现了问题，教育者应当针对学生的不同特点，在第一时间采取恰当的方法进行处理。对学生当中还处于萌芽状态的思想问题，要及时加以引导，防患于未然；对于已经出现的问题，要根据事物本身发展的规律加以控制，从根本上解决问题，绝不能拖拉，否则会留下后遗症，影响下一步的工作进程。

二、大学生思想政治教育方法创新的路径

人类的历史就是一个不断地从必然王国向自由王国发展的历史，在社会生活的各个领域，人类不断地总结经验，有所发明、有所创造、有所前进。随着社会

环境的变化和人们思想的发展，新的情况不断出现，新的思想特点也不断出现。大学生思想政治教育的方法必须有新的发展，才能适应变化了的新情况。

（一）在继承中发展

思想政治教育方法有一个不断发展的历史过程。一定的思想政治教育方法，是教育者在实践中根据一定的社会环境和人们特定时期的思想特点而创造出来的。当某一套方法适应思想政治教育实践的需要时，它就会具有较强的说服力和感染力，产生较好的教育效果；反之，当某一套方法不适应思想政治教育实践时，就会失去说服力和感染力，被实践所抛弃。

1. 继承我国古代思想政治教育方法

（1）古代道德教化的方法

中国古代道德教化的主要方法有以下几种。

第一，正面灌输。灌输是教化的基础，儒家为了进行道德灌输，将道德规范设计成仁、义、礼、忠、恕、孝、悌、勇、恭、宽、信、敏、惠、友、敬、慈、爱、温、良、俭、让等二十多个道德条目，要求人们在道德实践中遵循。封建统治者把儒家著作奉为"经"书，要求世人诵读，还采取编写蒙书的方式向普通民众灌输，使之家喻户晓，妇孺皆知。

第二，化民成俗。中国古代化民成俗的方法有很多。一是在群众生活和生产过程中规定了许多特定礼俗，并在这些礼俗中融进了儒家道德的要求；二是制订乡规民约、家法族规，对违反道德规范者给予相应的处罚；三是发现、树立道德典范，通过加官晋爵、树立牌坊、修建祠堂等方式，表彰孝子贤孙，歌颂济贫救灾、施善乡里的人和事，倡导良好的社会道德风尚。

第三，因材施教。中国古代教育，尤其是道德教育，十分注意选择不同的内容和方法，针对不同的教育对象进行教育。孔子是因材施教的典范，他在回答学生关于伦理问题的提问时，总是针对不同的人予以不同的回答。

第四，身教示范。身教重于言教是中国古代道德教育的一条重要原则。从孔子那里可以学到，作为国家的官吏要以身作则，先"正己"，后"正人"，要起表率作用。从荀子那里可以学到，教师具有典范作用。

第五，礼乐结合。传统礼教的目的就在于维护人际关系和社会的和谐与稳定，乐教的目的则在于对受教育者进行道德教化和在潜移默化中陶冶情操。礼乐结合，就是要把社会对人的道德规范内化于人的情感、意志之中，从而转化为人们的自觉行动。

（2）古代修身方法

在重视道德教化的同时，中国古代教育家主张"为仁由己"，强调自教自律的修身方法。中国古代修身方法主要有以下几种。

第一，主张身体力行。在道德实践中要按照道德准则和规范行事，躬行笃行，不断提高道德修养水平。孔子始终强调把"躬行"放在首位，经常教育学生要多干实事，少说空话，要言行一致。荀子甚至提出"知之不若行之"的见解。

第二，注重反省内求，做到"自省""自讼""见贤思齐焉，见不贤而内自省也"。通过反思领悟道理，从自身求取善良美德的本性，提高自己的道德修养。"求其放心""反求诸己""反身而试""择善而从"等，都属于反省内求的自我教育方法。

第三，提倡学思并重。主张学习，继承前人道德，并通过自己的思考转化为自己的品质。孔子曰："学而不思则罔，思而不学则殆。"

第四，奉行积善成德。通过学习和实践优良品德，实现扬善除恶，进入高尚的道德境界。荀子说："积土成山，风雨兴焉；积水成渊，蛟龙生焉；积善成德，而神明自得，圣心备焉。"

第五，要求"慎独"。要求人们要做到高度的道德自觉。"莫见乎隐，莫显乎微，故君子慎其独也。"慎独，体现了严格要求自己的道德自律精神，是指一个人独处时也要谨慎地注意自己的内心和行为，防止有违背道德的思想或不符合道德要求的行为。中国古代自我修养的思想和方法值得我们认真研究和学习，教育者要在不断改进思想政治教育方法的同时，注意激发教育对象自我修养的意识和欲望，从而有效地促进思想道德教育的接受和内化过程。

2. 继承党的思想政治教育的原则和方法

重视思想政治教育，依靠思想政治工作，是中国共产党的优良传统与政治优势。党在长期领导革命与社会主义建设的过程中，创造了一整套科学的原则与方法体系，如实事求是的方法、群众路线的方法、言教与身教相结合的方法以及疏与导相结合的原则、理论与实际相结合的原则、解决思想问题与解决实际问题相结合的原则、教育与自我教育相结合的原则等。这些原则和方法经过长期的实践检验被证明是正确的，在新的历史条件下仍然具有现实的价值，我们必须坚持、继承和发展。

继承党的思想政治教育的原则和方法，首先，要坚持在继承的基础上进行改革和发展。党的思想政治教育方法，是以马克思主义为指导，在实践中概括出来，并经过长时间的检验，证明是科学的。这些方法反映了思想形成、发展、变化的规律，以及思想政治教育的规律。因此，对于这些方法，需要在继承的同时，结合新情况加以创造性改造，使之更加适应现代思想政治教育的实际要求。其次，要坚持在改革的过程中赋予思想政治教育方法以新的内容。党的思想政治教育的原则与方法，是经得起历史考验的基本原则与方法，但随着社会历史条件的变化和党的工作重心的转移，一些过去十分有效的教育方法不能简单地生搬硬套，只有不断充实新经验、新内容，才能进一步显示其旺盛的生命力。

（二）在借鉴中发展

思想政治教育因其阶级特性和意识形态特色，具有相对性、差异性。但任何时代、任何国家都不会放弃对人们进行思想、政治、道德教育。就人类社会的发展进程而言，思想政治教育又具有绝对性的一面。研究其他国家和地区思想政治教育的传统与经验，学习思想政治教育学科以外其他学科的理论与方法，可以为现代思想政治教育方法的发展提供有益的借鉴。

借鉴其他国家和地区思想政治教育的方法，是发展思想政治教育方法的重要途径。如前所述，其他国家，特别是西方资本主义发达国家，虽然没有思想政治教育这个概念，但政治工作、思想教育与道德教育是绝对不可缺少的。他们根据本国的性质以及社会发展与个体发展的要求，也建构了类似我国思想政治教育的一整套工作体系与工作方法，其中有些方法，如政治社会化技术、政治与道德的传播与接受方法、法规自律方法、咨询服务方法、民主自治方法、隐性教育方法等，在西方国家的政治工作与思想道德教育中已形成特色，富有成效，值得我们借鉴。

西方国家还把政治工作与思想、道德教育较早纳入各个不同学科进行研究，形成了与这些工作相关的学科和相关的理论，尤其是关于道德教育的理论与方法十分丰富。例如，美国儿童发展心理学家科尔伯格的道德认知发展理论与方法、美国学者拉斯思等人创立的价值澄清理论与方法、美国心理学家班杜拉等人提出的社会学习理论与方法，在西方道德教育实践中发挥了重要作用，至今仍为现代思想政治教育方法的发展提供了诸多的启发。此外，社会学、心理学、传播学、管理学等学科的知识、理论与方法，被大量地运用于西方社会对人的教育、引导、管理实践中。广泛地吸收这些理论知识，借鉴西方国家的成功做法，对思想政治教育方法的现代化发展也能发挥作用。

（三）在实践中探索新方法

1. 发展与现代传媒相协调的隐性教育方法

现代思想政治教育越来越明显地受到来自现代大众传媒的挑战。这是因为，计算机、网络等现代大众传播媒介在我国迅速普及并进入家庭，人们越来越习惯依赖现代大众传媒来满足自己的信息需求，但大众传媒所传播的思想观念、价值标准、时尚风貌并不一定与思想政治教育相一致。因此，发展隐性教育方法，与现代传媒相适应、相竞争，成为现代思想政治教育方法创新的课题。

（1）渗透式教育法

渗透式教育法，即教育者运用科学的方法将教育的内容渗透到受教育者可能接触到的一切事物和活动中，潜移默化地对人们产生影响的方法。众多专家认为，隐性教育的内容应当广泛渗透在优秀的科任教师、进步的课程设置、积极的学校精神、先进人物的榜样示范和良好的社会环境之中。[①] 运用渗透式教育法要选择合适的载体，这些载体包括活动载体、文化载体、管理载体和传媒载体等。

（2）陶冶式教育法

陶冶式教育法，即营造一个健康、乐观、向上的文化氛围和教育环境，开展喜闻乐见的文化艺术活动，使人们在耳濡目染中受到思想道德熏陶的方法。简而言之，就是寓教于境、寓教于情、寓教于乐。这里的教育环境既包括有形的自然景观、文化景点，也包括无形的文化氛围和社区人际关系。

（3）实践体验教育法

实践体验教育法，即组织人们自觉参与群众性精神文明创建活动以及社区的

---

① 龚海泉，万美容，梅萍. 当代公民道德教育[M]. 北京：中央文献出版社，2000.

管理和建设，自愿参与各种生产劳动和社会服务活动，丰富实践体验，提高思想道德素质的方法。近年来，思想政治教育工作者根据市场经济条件下人们主体性增强的特点，大力发展群众性的主动参与、共创共建的各种活动，如开展"文明社区""文明单位""文明班组""文明校园"建设、实施面向社会弱势群体的"帮贫助困"工程、组织青年志愿者参加"三下乡"等活动，都收到了良好的教育效果，体现了体验教育的巨大作用。

2. 探索满足主体多样性发展的咨询辅导方法

随着市场经济体制的发展与完善，竞争和创新已经成为推动我国社会发展的动力，也成为人们生存与发展的基本方式。但是，竞争有机遇也会有风险，创新可能成功也可能失败。帮助人们把握机遇、避免风险、明确努力的方向，已经成为现代思想政治教育的重要任务。

现代人的发展是富有个性、创造性与多样性的发展，这给现代思想政治教育提出了诸多新的要求。

第一，改革开放的深入发展推进了社会的民主化进程，传统思想政治教育的模式受到挑战，人们普遍要求民主、平等、相互交流的工作与教育方式。

第二，社会主义市场经济体制促进了人的主体性发展，凸显了创造性与个性化色彩。为了谋求更快、更好的发展，国家需要提供多样化的思想道德教育以满足个体主体性、个性化要求。

第三，社会的多样化存在形式和多元化的价值取向，增加了人们适应社会环境的难度，仅凭个人的知识和经验已经难以解决个人发展中的许多复杂问题。为了更好地适应社会，顺利发展，人们需要寻求专业咨询人员的帮助，听取合理、正确的意见和建议。总之，人们面向未来的发展是多取向、多层次、多路径的，每个人的发展都面临大量不确定性因素，这就需要思想政治教育工作者能够针对个体发展的不同需求，运用科学的预测决策方法，提供个性化的咨询辅导服务，开拓新的咨询方法领域，满足不同主体的个性化发展需求。

3. 创新思想政治教育的载体

因特网是全世界最大、覆盖面最广的计算机互联网络。它采用统一的通信语言把众多的局域网和广域网连成一片，构成一个现代化的超级信息市场。只要轻点鼠标，进入网络，人们就被卷入了信息的海洋。网络中拥有极其丰富的信息资源，是信息的现代载体，对人类社会的政治、经济、文化以及人们的思想行为产生着重要的影响。

网络的出现拓展了人类的生存空间，改变了人们的社会交往形式，为人类的实践活动提供了新的手段与工具，极大地推动了社会政治、经济、文化的发展，也拓展了思想政治教育的空间和渠道，为思想政治教育运用网络载体提供了可能。

第一，网络的开放性、交互性、及时性等特点，有助于迅速准确地了解人们的思想情绪和他们关心的热点问题，增进相互沟通，增强工作的针对性。

第二，网络上丰富的共享信息和多种多样的信息形式，为开展思想政治教育提供了可资利用的巨大信息资源。利用这些信息资源，教育者不仅可以提高自身的素质，及时更新教育内容，还可以选择那些与人们工作、学习、生活、就业相关的信息，为教育对象提供服务，增强思想政治教育的服务功能。

第三，网络参与的平等性和非强制性有助于人的主体性的发挥。对于网上的思想政治教育信息，人们能够根据自己的需要主动点击、浏览、下载。在这个过程中，淡化了教育者和被教育者的身份界限，增强了思想政治教育的亲和力，为思想政治教育和人们的自我教育提供了有效平台。

第四，网络中的图、文、声、像等形式形象、生动、逼真地表现了教育内容，增强了教育内容的感染力和吸引力。心理学研究表明，人们在认识某一事物时，只用听觉能够认识事物15%的特征，只用视觉能够认识事物20%的特征，而视觉、听觉并用可以认识事物65%的特征。网络的超媒体特点可以最大限度地调动人的视觉、听觉感官参与活动过程，促进人们对思想政治教育信息的感知与接受，从而提高思想政治教育的有效性。

总之，运用网络载体进行思想政治教育不仅是可能的，而且具有一些其他载体所不具有的优势，为现代思想政治教育带来了新的展现方式，促进了思想政治教育方法的发展和创新。

4. 推广符合民主法制要求的管理评估方法

党的十一届三中全会以后，党的中心工作转移到经济建设上来。为适应这一新的转变，思想政治教育主动与业务工作、管理工作结合，为经济发展和社会进步服务。管理涉及社会生活的各个领域，自觉运用管理评估方法，将思想政治教育的基本内容与基本要求转化为管理评估的具体指标渗透到管理活动中，能够实现思想工作与业务工作的有机结合，有利于思想政治教育虚功实做，取得实效。

现代管理评估已经不再仅仅是衡量好坏、优劣的手段，它更重要的职能是目标激励、促进发展。自觉运用管理评估方法，可以通过相互比较，激发人们的积极性。这是因为管理评估的标准反映了社会对业务工作以及人员思想素质、业务能力的要求，起着"指挥棒"的作用，一旦被人们认同就会变成他们努力奋斗的目标，激发强大的内在精神动力。同时，评估是正常竞争的必然要求，管理评估过程为人们提供了相互比照、知己知彼的机会，有利于形成比学赶帮、相互促进、共同提高的良好局面。由于管理评估的结果能够客观地反映单位工作和个人发展的现实状况，通过对实际表现和评估标准的两相对比，就能找出单位工作和个人发展中存在的问题和不足，明确今后努力的方向。

另外，自觉运用管理评估方法，有利于加强思想政治教育制度化、规范化建设。在以经济建设为中心的新的历史时期，现代思想政治教育具有相对稳定的目标内容与任务要求。把这些内容与要求以评估指标体系的形式确定下来，周期性地进行评估检查，体现了思想政治教育工作的建设意识，可以使思想政治教育做到经常化、制度化、规范化。

重视评估方法的实际运用，开发管理评估的思想政治教育功能，是思想政治教育理论研究与实践探索长期受到关注的一个问题。但效果众说纷纭，应用范围也比较有限，关键是在具体操作方法上还有诸多问题亟待解决。研究思想政治教育与业务工作有机结合的机制与方法，探索对人的思想行为进行定性定量考察的可行办法，提高思想政治教育评价活动的科学性，增强通过管理评估促进人们思想道德素质提高的有效性，进一步推广符合社会走向民主化、法治化要求的管理评估方法，是现代思想政治教育方法发展创新的又一重要任务。

第四章　新时期大学生思想政治教育的队伍建设

本章对新时代大学生思想政治教育的队伍建设进行了论述，主要包括四个方面的内容，分别是大学生思想政治教育队伍建设的现状和理论指导、大学生思想政治教育队伍的素质与能力构成、大学生思想政治教育队伍的专业能力提升、加强大学生思想政治教育队伍建设。

第一节　大学生思想政治教育队伍建设的现状和理论指导

一、大学生思想政治教育队伍建设的现状

（一）大学生思想政治教育队伍建设取得的成绩

近年来，全国高校思想政治课战线在思路、师资、教材、教法、机制等方面持续创新，思想政治课建设取得显著成效，更好发挥了立德树人关键课程的作用。

高校思想政治课教师数量大幅增加，综合师生比已经达到中央要求。至2021年11月底，登记在库的高校思想政治课专兼职教师超过12.7万人，其中专职教师超过9.1万人。高校思想政治课教师队伍后继有人、源源不断，展现出蓬勃的生机与活力。高学历、年轻化已成为思想政治课教师队伍发展新状态。[①]

2020年，教育部等八部门印发《关于加快构建高校思想政治工作体系的意见》，明确了理论武装、学科教学、日常教育等七个改革攻坚方向。在育人队伍、

[①] 新华网.高学历、年轻化已成为思政课教师队伍发展新状态[EB/OL].（2021-12-09）[2023-04-23].https://edu.cctv.com/2021/12/09/ARTInHtUATKLJLuSTk0hNPZP211209.shtml.

育人时间、育人空间上协同发力，高质量建设高校思想政治工作体系，切实提升人才培养的针对性和实效性。

各地各高校深度挖掘新时期伟大实践中的育人富矿，推动思想政治课教学与现实紧密结合、与实践充分互动、与时代同频共振。深化实践教学，彰显"大思政课"的独特魅力。建好实践基地，强化"大思政课"的平台支撑。优化师资体系，加强"大思政课"的队伍保障。

（二）大学生思想政治教育队伍建设存在的不足

1. 部分教育者缺乏思想政治教育意识

部分高校的领导与教师缺乏思想政治教育意识，更多关注学历教育与技能培训，认为完成学校培养计划的课程教育即可。甚至一些教师认为大学生接近或已经成年，思想独立，进行思想政治教育对大学生难以发挥作用。这种观点阻碍了高校思想政治教育的高质量发展。

2. 师资队伍难以满足要求

一些高校的辅导员由本校教师兼任，虽然年龄呈现年轻化，入职标准与职业能力要求都更加严格，但也存在一些问题。同时，教学能力强的思想政治教师与专职学生政治辅导员紧缺，一些兼职辅导员的思想政治素养较弱，思想政治教育水平较低，难以有效进行思想政治教育。

3. 管理机制上存在不足

近几年，高校积极采取扩招政策，学生人数快速上升，辅导员工作因此面临严峻挑战，越来越多的年轻教师投身辅导员队伍，但是相关工作经验不足，难以实现工作质量达标。

高校辅导员工作管理体系面临的问题包括三个方面：首先，过于关注工作结果，忽视工作过程；其次，强调工作理性，弱化人文关怀；最后，专业培训不足。由于学院部门同思想政治教育队伍之间缺乏有效的联动管理机制，出现了思想政治教育流于形式的问题。

4. 教育内容陈旧，教学方式创新不足

在教育内容方面，高校思想政治教育领域始终坚持政治与意识形态的教育，内容单一，法治教育与职业道德教育有待强化。部分高校的思想政治教育难以聚焦现实问题，且忽视生存问题，缺乏实践性，无法对接现实。在教学方式方法上，有些高校的教学方式如出一辙，思想政治教育方式落后于当前的社会发展节奏。由于社会信息化的高度发展，网络作为认识社会的重要工具，已经成为大学生学习生活中不可或缺的一部分。高校思想政治教育需要结合时代发展需求，对教育内容和教学方式进行创新，以增强学生学习的趣味性和积极性。

二、大学生思想政治教育队伍建设的理论指导

（一）以习近平新时代中国特色社会主义思想为指导

2016年12月7日，习近平总书记出席全国高校思想政治工作会议并发表重要讲话，科学回答了高校思想政治工作一系列方向性、根本性问题，是指导做好高校思想政治工作的纲领性文献，是高校思想政治工作发生格局性变化、取得历史性成就的根本指引。大学生思想政治教育要全面推进"大思政课"建设，就要坚持以习近平新时代中国特色社会主义思想为指导，聚焦立德树人根本任务，用党的创新理论铸魂育人。这一主线要求我们及时发布通知要求，推动各地各高校学习宣传贯彻习近平总书记关于教育的重要论述和考察高校系列重要讲话、致信回信重要精神等，持续掀起学习实践热潮。

（二）构建完善的立德树人工作体系

根据《新时代高等学校思想政治理论课教师队伍建设规定》的总则中第四条要求，高校应当落实全员育人、全程育人、全方位育人的要求，构建完善的立德树人工作体系，调动广大教职工参与思想政治理论教育的积极性、主动性。这需要我们把习近平总书记关于高校思想政治工作的重要论述贯穿高等教育各体系、各环节、各方面。

（三）加强思想政治课教师队伍建设

我们在思想政治教育工作实践中要将习近平总书记的重要讲话精神贯彻到底、落实到位，不断总结经验、寻找规律，着力建设政治强、情怀深、思维新、视野广、自律严、人格正的思想政治课教师队伍。高等学校应当配齐建强思想政治课专职教师队伍，建设专职为主、专兼结合、数量充足、素质优良的思想政治

课教师队伍。这需要推进马克思主义理论学科人才一体化培养，实施思想政治课教师后备人才专项计划，推动思想政治课教师、辅导员队伍数量大幅提升、结构不断优化。

（四）深化教学改革创新

高校要按照政治性和学理性相统一、价值性和知识性相统一、建设性和批判性相统一、理论性和实践性相统一、统一性和多样性相统一、主导性和主体性相统一、灌输性和启发性相统一、显性教育和隐性教育相统一的要求，增强思想政治课的思想性、理论性和亲和力、针对性，全面提高思想政治课的质量和水平。这符合中共中央办公厅、国务院办公厅印发的《关于深化新时代学校思想政治理论课改革创新的若干意见》的基本要求，这需要大力推进思想政治课教学方法改革，提升思想政治课教师信息化能力素养，推动人工智能等现代信息技术在思想政治课教学中应用。

第二节　大学生思想政治教育队伍的素质与能力构成

一、大学生思想政治教育队伍的素质构成

（一）大学生思想政治教育队伍的政治理论素质

对于思想政治教育队伍来说，个体自身拥有的政治素质水平能够决定他们是否始终坚持正确的政治方向，始终合理地运用马克思主义的立场、观点、方法来看待客观事物，始终用敏锐的观察力去洞察周围的事物。大学生思想政治教育工作者要树立正确的政治观点，对自己的政治地位有坚定的认识，只有这样，才能使自己的政治灵敏度得到提高，有利于分辨是非对错，做出理性的选择，自始至终与党中央保持一致的路线，做到忠诚于党，服务于党，始终坚持四项基本原则，坚决执行党的路线、方针和政策。[1]具体来说，就是认真学习马克思列宁主义、毛泽东思想、邓小平理论和"三个代表"重要思想、科学发展观、习近平新

---

[1] 唐家良.高校辅导员队伍专业化建设与成长[M].北京：现代教育出版社，2008.

时代中国特色社会主义思想，在一定程度上对思想素质进行加强稳固，这样才能使思想政治教育工作者的眼光得到正确提升，用发展的眼光看待思想政治教育工作，帮助受教育者树立正确的世界观、人生观、价值观，正确地引导他们积极向上。思想政治教育工作者应该具备以下四个方面的政治理论素质。

1. 清楚了解马克思主义基本原理论水平和认识论

马克思主义是系统、完整的科学体系，我们应力求做到全面地而不是片面地、系统地而不是零碎地、深刻地而不是肤浅地、动态地而不是静止地、联系地而不是孤立地、具体地（历史地）而不是抽象地（超历史地）理解和把握马克思主义，特别是它的基本原理。这是提高马克思主义水平最基本的要求。从总体上把握马克思主义，提高马克思主义的理论水平，核心是理解和把握"四最"：最根本的理论特征是辩证唯物主义和历史唯物主义的世界观和方法论；最崇高的社会理想是实现物质财富极大丰富、人民精神境界极大提高、每个人自由而全面发展的共产主义社会；最鲜明的政治立场是一切理论和奋斗都应致力于实现最广大人民的根本利益；最重要的理论品质是坚持一切从实际出发，理论联系实际，实事求是，在实践中检验和发展真理。只有在这些方面做到融会贯通地理解，才能提高马克思主义的理论修养和理论水平。[1]

马克思主义认识论是辩证主义唯物论，它是基于认识来源、认识能力、认识形式，认识目的等多方面的科学化的认识理论。它认为客观世界是可知的，这能够促进个人对于物质世界的不断探索。马克思主义认识论能够引导人们在物质的发展中发现其本质规律，并且运用这种本质规律实现更高程度的物质发现。人的认识能力是无限的，它需要个人的不断思考，实现思维上的创新，从而更好地创造和发现新的物质。人的认识离不开现实世界，一切的认识都是源于现实世界，认识是现实世界的反映，同时个人的认识发展最终也是为了服务于现实世界的发展。实践是认识的基础、来源和目的，认识是一个能动的辩证的发展过程，这需要个人在实践中深化认识，并且借助于认识的经验和能力反作用于实践，促进实践的发展。[2]

---

[1] 周向军，陈家付.论提高马克思主义水平的几个问题[J].理论学刊，2010（7）：8-12.
[2] 龚元园.基于马克思主义认识与实践理论的大学生创新创业能力培养和提升[J].文化创新比较研究，2021，5（15）：57-60.

2. 正确的政治方向

在目前较为复杂的国际国内形势下，思想政治教育队伍应该能够站在政治高度上理性地去看待和分析问题，让头脑时刻保持冷静，不去触犯一些政治取向上的根本性错误。同时还要严格要求思想政治教育队伍必须从确保中国特色社会主义事业欣欣向荣、后继有人的相关立场上，从培养社会主义合格的建设者和可靠的接班人的一定高度上，来观察、分析并处理所有的问题。

3. 优秀的政治品质

始终忠于党、忠于人民，始终忠于社会主义教育的伟大事业，培养优秀的政治品质是思想政治教育队伍应该甚至是必须做到的。同时，做到实事求是、以身作则、坚持真理、教书育人，也是对教师的必然要求。当然，作为教师，还要拥有开阔的视野、坦然的心胸，对名利的淡泊态度，始终坚持原则，做到谦虚谨慎，勇于承担相应的责任，善于凝聚人心，形成合力。这也是当下的教师应该具备的特点。

4. 良好的政治和政策水平

所谓政治水平，就是指面对各种突发的政治性问题，进行相关的是非辨别，并落实到实际处理问题的过程中所体现出的能力。政策水平则指在一定程度上所体现出的相关能力，包括对党的纲领、任务、行动准则的正确认识、理解和执行。

而政治和政策水平，是经过长期的实践与磨炼而得出的一种产物，主要通过思想政治教育队伍把马克思主义理论与政治经验、政治觉悟彼此相互结合，再进行相关的合理运用。思想政治教育工作者必须不断地严格要求自己，使自己的政治和政策水平得到提高。

（二）大学生思想政治教育队伍的师德修养

师德，是指教师的职业道德，是教师在长期从事教育实践过程中发展的道德观念、行为与品质的总和，是社会对教师职业行为的基本道德要求，也是教师在思想觉悟、道德品质等方面的集中表现。大学生思想政治教育队伍的师德修养应该包括：爱岗敬业、诲人不倦，爱护学生、以学生为本，品行端正、为人师表，积极进取、与时俱进，等等。

1. 爱岗敬业，诲人不倦

爱岗敬业是从事社会工作的每一个人都应该具备的职业道德。大学生思想政治教育工作者更应该践行爱岗敬业的精神。爱岗敬业，就是要忠诚于党和国家，热爱并服务于党和人民的教育事业，以培养德智体美劳全面发展的社会主义建设者和接班人为己任；就是要认真履行教书育人的职责，不断提高教学水平和教育质量，传授学生科学知识和社会主义核心价值观；就是要按照党和国家的方针政策，不断完善自身的思想素养和业务能力，勤奋工作，创新教育方法。

2. 爱护学生、以学生为本

以人为本作为我们构建社会主义和谐社会的基础与目标，在学校教育中表现为爱护学生、以学生为本，即教师需主动转变角色，改变过去以教师为主的观念，平等地对待学生，尊重学生，把学生当作朋友、子女对待，在教学、科研和其他活动之中把学生放在首位。

常言道：没有爱，就没有教育。大学生思想政治教育队伍教育的对象是有感情的活生生的个体，因此要达到预期效果，需要思想政治教育教师坚持以学生为本，积极打造轻松、愉快的学习氛围，缩短与学生之间的距离，同学生产生共鸣。

教师要想获得良好的育人成果，必须对学生充满爱心，以此激发对工作的高昂激情与责任感，才能获得学生的认可与支持。坚持以学生为本，关心爱护学生，成为教师科学处理师生关系的准则。如果学生切实感受到教师在诚心诚意地爱护自己、关心自己，他们就会很自然地喜欢接近教师，心悦诚服地接受教师的教育和指导。

当然，爱护学生、以学生为本，并不是毫无原则地溺爱、迁就和纵容学生，而是以爱学生、有利于学生成才为出发点，既能细心敏锐地发现学生的优点，又能明智而严肃地指正学生的缺点和错误，做到防微杜渐，尤其是对待违纪学生更应该坚持原则，做到刚柔并济。

3. 品行端正、为人师表

教师应以自身的道德风范、仁人气度、高尚人格为学生树立良好的学习榜样。品行端正、为人师表，是教师必须具备的品质，也是国家、时代、学校对教师提出的基本要求。作为一个教师，首先要有高尚的道德品质，才有资格去教育学生。在学生面前，大学生思想政治教育工作者的思想和言行就像一本立体教材，无时无刻不在影响着学生，对学生的精神世界起着润物细无声的作用。如果大学生思想政治教育工作者能使自己的修养真正达到学为人师、行为世范的境界，那学生就会做到"不令而行"。要实现这一点，教师就必须铭记职责、不辱使命、爱岗敬业、修身正己，自觉做学术道德和良好学风的维护者、践行者和弘扬者，严格遵守职业道德规范，恪守职责，以良好的道德修养影响学生，做学生心目中的榜样和楷模，传递给学生积极健康的力量。教师既是科学文化知识的传授者，同时也是学生思想道德的塑造者。教师的行为举止对学生的世界观、人生观、价值观的形成发挥着重要作用。教师只有在严格要求自己、形成良好人格的基础上，才能在思想品德、学识才能等各个方面以身作则。大学生思想政治教育队伍中的每个教育者应该想到自己的言行举止所产生的深远影响。只有每个教育者始终关注党和国家的命运，关注社会问题，关注学生成长，才能激发学生的社会责任感，唤起他们对各种社会热点和难点问题进行关注与深入的思考。这样，我们才能有效地实现立德树人的根本目的，培养出具有社会责任感和创新精神的新一代。

4. 积极进取、与时俱进

当今社会快速发展，科学技术突飞猛进，新理论、新知识、新技术、新信息不断涌现，知识的更新不断加快。2016年5月，中共中央、国务院印发《国家创新驱动发展战略纲要》，提出创新型国家建设三步走战略目标，即到2020年进入创新型国家行列，到2030年跻身创新型国家前列，到2050年建成世界科技创新强国，成为世界主要科学中心和创新高地。向国家输送创新型人才，是在建设创新型国家过程中高校义不容辞的责任。这就要求大学生思想政治教育队伍必须有积极进取、与时俱进的精神风貌，时刻站在时代的前沿对学术理论进行不断的创新，力争使自己的文化知识能够代表先进文化的发展方向。

创新是发展的动力。大学生思想政治教育队伍应该为培养具有创新思维的人才作出贡献。大学生思想政治教育队伍应该散发着积极进取、与时俱进的活力，及时改进教学方法和手段，更新教学内容和信息，才能感染学生，激发起他们学习和探究的热情。大学生思想政治教育是一个富有创造性的工作，它不仅要面对新问题，也要关注知识和理论前沿，关注社会主义实践的发展，时刻保持积极进取、与时俱进的精神。大学生思想政治教育队伍要积极投身教学改革，不断更新教育教学观念，改革教学内容、方法和手段，积极探索现代大学教育教学规律，不断提高教育教学水平，着力加强对大学生的社会责任感、创新精神和实践能力的培养。

（三）大学生思想政治教育队伍的文化知识素质

文化知识素质是指人们在文化方面所具有的较为稳定的且内在的基本品质，它体现了人们在知识能力、行为、情感等综合发展的质量方面所展现出的水平和个性特点。

对于思想政治教育队伍来说，如果没有较高的科学知识水平和文化素养，就无法有效地从事教育工作。思想政治教育队伍所需要的文化知识素质包括以下三个方面。

1. 基础理论知识

基础理论知识，即马克思主义基本原理的简称，它是思想政治教育者工作的理论基础与行为指南，在工作中掌握并合理运用马克思主义基本原理对教育具有重要意义。通过学习马克思主义基本原理，教育者可以树立科学的世界观、人生观和价值观，能够站在马克思主义的立场，用其观点和相关的方法分析并研究在思想政治教育领域出现的各种问题，运用科学的理论知识进行解疑，纠正错误，做到思想统一。[1]思想政治教育工作者只有在正确掌握马克思主义基本原理知识的基础上，才能传授给学生科学的马克思主义基本原理和方法，引导学生建立正确的世界观、人生观、价值观，进而提升他们解决问题的能力。

2. 专业知识

专业知识主要包括思想政治教育者基本原理与业务方向的专业知识两部分。思想政治教育工作者要牢固掌握专业知识，并能够在此基础上结合当下时代特征深入分析学生的情感认知与个性等心理特征，从而更加全面地了解学生所处的社会关系与环境，并由此分析他们的思想行为、活动规律。

3. 辅助知识

辅助知识主要是指与思想政治教育工作有直接或间接关系的知识，如心理学、教师学、伦理学、社会学等方面的知识。

学习和掌握这些相关学科的辅助知识，可以使思想政治教育队伍扩大知识领域，使他们的科学文化知识素质在一定程度上得到相对的提高，在实践中切实增强思想政治教育队伍工作的实效性。[2]

---

[1] 季海菊.新媒体时代高校思想政治教育的解构与重塑[M].南京：东南大学出版社，2014.
[2] 唐家良.高校辅导员队伍专业化建设与成长[M].北京：现代教育出版社，2008.

（四）大学生思想政治教育队伍的信息素养

信息素养是社会各种信息错综交汇同时科技水平快速发展的环境下，人们查找、筛选、鉴别与处理信息方面的能力。在新媒体快速发展的背景下，教师信息素养的形成包括信息意识、信息道德与信息能力等不同方面。

1. 信息意识

所谓教育者的信息意识，就是指教育队伍对相关的信息进行一定程度上的获取、分析、判断和消化吸收信息的自觉程度。一支教育队伍具备的信息意识的高低主要通过其在教育中的工作水平和创新型人才的提升水平来体现。处于新社会环境下的教育队伍，如果其信息意识相对来说不是很高，那么在进行信息的认识和利用的过程中，也会在一定程度上受到相应的约束，并且会影响其信息的吸收效果。

思想政治教育队伍要善于有机地整合网络上的新知识和新信息，以及思想政治教育工作所需的知识和信息，帮助学生培养全新的知识信息思维，拓宽学生的视野。

2. 信息道德

信息道德，即调整信息创造者、信息服务者与信息使用者之间行为规范的综合表现。其内容主要有思想政治教育中的信息交流和传播目标做到同社会整体目标统一；教育者主动承担社会责任，自觉履行社会义务；遵循相应的法律法规，抵制各种违法行为和不良信息；尊重个人隐私；尊重知识产权。网络信息技术的发展使人们突破空间和时间上信息交流的限制，使人们在世界任何地方都能与在地球上的其他人进行对话、交谈或是传递图像、文本信息。

教育者可能接触到社会上的各种信息和思想观念。因此，对于大学生思想政治教育队伍本身来说，必须具备高尚的信息道德素质，自觉抵制各种违法行为和不良信息，为学生传递健康、正面、积极向上的信息知识。

3. 信息能力

信息能力主要包括信息的获取能力、处理能力以及传递能力。信息的获取能力，顾名思义，就是对相关信息进行搜集的一种能力，当然其中也包括对网络环境的详细了解、利用网络中的数据库并从中获取思想政治教育所需信息的能力；信息的处理能力，指通过使用互联网终端进行一定的阅读，并从中提取、吸收和存储所需信息的能力；至于信息的传递能力，它有着相当大的作用，对大学生思想政治教育队伍来讲，需要对信息进行选择性的消化吸收，之后再以合理的方式传递给学生。

有关研究表明：在未来的环境下，基于个人智力等因素基本相同的情况下，大学生思想政治教育队伍的科研能力、教学效果主要由他们自身所具有的信息能力来决定，信息能力越强，相对应的获取新知识的能力就越强，教学效果会很好，科研成果也会更多。

（五）大学生思想政治教育队伍的身体心理素质

1. 健康的身体素质

在身体健康方面，教师需要通过适当的锻炼和健康的生活方式，保持身体健康，以便更好地完成教育工作。

2. 广泛的兴趣

教育者应培养自身在教育领域内的多元兴趣，这样一来，才能在广泛的领域和充足的时间里接触和了解学生，采用灵活多样的方式方法进行相关的教育。

3. 积极向上的精神状态

积极乐观的精神状态不仅能提高工作效率，还能通过积极的情绪影响他人。如果教育者处于消极的状态，可能会给学生带来压抑的感觉，甚至引起学生的反感。

教育者应该学会合理地调整自己，使自己保持积极向上的精神状态，并以积极向上的精神状态去引导、感染学生。

4. 良好的性格

思想政治教育工作者必须具备良好的品性，并通过自我提升和学习，进一步培养和塑造自己的性格。在为人处世上，要持有诚恳友善、宽容大度、乐于助人的态度；在工作环境中，要持有踏实认真、一丝不苟、细致节俭的态度；在自身要求上，要持有谦虚、自信、进取、克己、自尊的态度。

二、大学生思想政治教育队伍的能力构成

（一）学习能力

1. 学习和运用政治理论的能力

高校是培养社会主义事业接班人的基地，大学生思想政治教育队伍要承担社

会主义高校所赋予的培养接班人的神圣使命,使学生成为合格的社会主义建设者,在思想方面能够抵制各种消极思想的影响。大学生思想政治教育队伍自身必须具有学习政治理论的能力,要有坚定正确的政治方向,坚持四项基本原则,用马克思主义来武装自己的头脑,自觉树立马克思主义的世界观、人生观和价值观,加强理论修养,认真学习党的路线、方针、政策,关心国内外形势与政策,提高政治敏锐性和洞察力。

2. 不断进行自我更新的能力

大学生思想政治教育队伍应该具有终身学习的理念及不断进行自我更新的能力。思想政治教师在加强自身专业知识修养的基础上,还需要精通社会学、管理学、史学等众多领域的知识,建立系统全面的知识框架。自21世纪起,国际社会普遍接受"终身学习""终身教育"的理念。随着知识信息的快速发展,社会中的每个人都在不停面对新的挑战。

为了迎接当前的挑战,大学生思想政治教育队伍必须坚持终身学习的理念,扩充自己的文化知识,持续不断地拓展和更新个人的知识结构。大学生思想政治教育队伍需要具备高效学习的能力和技巧,也就是我们通常所说的学习技能。只有那些有能力并且愿意不断自学的大学生思想政治教育工作者,才能深刻领会终身学习所带来的价值,并将这一体验传递给学生,培养他们对学习的兴趣,以及终身学习的意识、习惯和能力。

(二)交往能力

交往能力是人们在社会交往中表现出来的能力,是人们参加社会集体活动、与周围人保持协调的最为重要的心理条件。大学生思想政治教育是一项具有社会性质的工作,大学生思想政治教育队伍需要深入大学生群体,接触、观察、了解学生,需要在学生与学校之间进行沟通和协调。于是,交往能力就成为大学生思想政治教育队伍必备的能力。交往能力主要包括观察和辨别能力、表达能力和沟通能力三个方面。

1. 观察和辨别能力

为了有效地开展大学生思想政治教育工作,必须深入了解大学生的具体情况,包括学习、生活、家庭与心理等方面的发展状况,这是思想政治教育工作的基础和关键。大学生思想政治教育工作者要具备敏锐的观察力和辨别能力,通过多种方式和渠道,及时发现和分析学生的思想动态和问题,找出问题的根源和规律,制定有针对性的教育、教学、指导和服务等方面的工作措施。这样才能真正做到因材施教、因人施策,用习近平新时代中国特色社会主义思想铸魂育人,引导学生坚定理想信念,增强社会责任感,提高综合素质,为学生成长成才奠定坚实的思想政治基础。

2. 表达能力

在教育中,无论是讲授理论、鼓舞听众、提供心理咨询、提供职业建议,还是起草各种计划和通知文件,都需要有出色的语言表达能力。表达能力的强弱直接影响着教育效果的好坏。有效地表达自己的想法和感受可以通过三种方式:口头表达、书面表达和肢体语言表达。大学生思想政治教育队伍需要具备适应教学需求和学生身心发展特点的表达能力,同时还需要具备高度的逻辑性和艺术性。为了达到这个要求,大学生思想政治教育队伍需要掌握规范的语言使用知识,注意语法的正确性,以及语音、语调的讲究。语言应当简练精准、充满感染力,以便让学生在最短时间内抓住主要信息并产生情感共鸣。大学生思想政治教育队伍应具备准确、恰当的语言表达能力,能够将一些共通的实践经验加以归纳、整理、总结,并将其提炼为规律性理论,以此为实践活动提供有效的指导。

3. 沟通能力

人际关系是通过交流形成的,而大学生思想政治教育队伍与学生、其他教师以及学校相关部门工作人员的沟通方式会直接影响到他们的教育成果和工作成效。因此,有效开展思想政治教育需要借助良好的沟通手段,这对于大学生思想政治教育队伍来说尤为关键。为了达到这个目的,大学生思想政治教育工作者需要学习和掌握沟通技能,提升沟通能力,包括口语表达、倾听技巧等,以建立融洽的人际关系。这种做法可以促进师生间的相互了解,也有益于强化教师、学校不同部门间的协作,从而提高工作效率。

(三)组织管理能力

1. 领导管理能力

大学生思想政治教育工作者需要具备优秀的领导和管理能力,努力激发学生的主动性和创造性,加强集体凝聚力,使其成为一个紧密团结、积极向上的整体。这是为大学生提供有效支持、推动教育活动顺利开展的有效保障。首先,我们应该以唯才论人的态度来看待大学生,因为他们正在逐步形成自己的人生观,并具有较强的自主意识。为了充分发挥他们的积极主动性,在确保德才兼备的前提下,我们应该鼓励他们发挥长处,弥补不足,从而培养出大学生骨干,使他们成为大学生思想政治教育队伍中的得力助手。其次,我们需要制定高效的高校学生管理制度并严格执行,同时根据实际情况制订科学的管理计划,并因人而异地处理具体问题。通过采取不定期抽查、检查、评比、集中培训和办学习班等方式及时发现和解决问题,促进良好管理风气的形成,进而让规范的制度深入人心,发挥其真正的约束作用。

2. 统筹规划能力

大学生思想政治教育的受众是大学生,他们来自五湖四海,具有不同的思想背景、学习能力、生活习惯以及人生观。当代大学生更注重个性发展,具有强烈的主体意识。因此,大学生思想政治教育工作队伍需要具备全局视野和长远思维,以便做好统筹规划,抓住工作中的主要矛盾和关键环节。同时,需要根据各个学校不同阶段的中心工作、学生的特点和需求,有针对性地开展工作。

3. 科学决策能力

在日常管理工作中,大学生思想政治教育队伍的服务对象是思维活跃的大学生。他们广泛涉猎社会中的各种信息,因此具备独特的观点来看待某些问题;然而其观念体系尚处于发展过程中,存在着不稳定的因素。当面对这个群体时,大学生思想政治教育队伍需要先保持清醒,深入分析所服务的对象及任务,从中选定行动目标,并决定行动方案。然后,采取相应的措施来实现目标。因此,大学生思想政治教育队伍可以根据一定时期内的工作重点,合理确定决策对象或事项,对主客观条件及方案进行科学论证,同时要注重听取他人的建议,特别是学生的意见,并付诸实践。

4. 归纳总结能力

大学生思想政治教育队伍工作量大、工作面广,有时会给人繁杂无序的印象,因此大学生思想政治教育队伍要具备归纳总结能力。它直接影响到工作效果、决策水平及今后工作的有效开展。大学生思想政治教育工作者要养成记工作日记的良好习惯；要勤学多问，向有经验的大学生思想政治教育队伍学习；要认真总结得失；要勤于动脑，善于思考。

（四）教育教学能力

思想政治教育是大学生培养正确的世界观、人生观和价值观，增强国家意识和社会责任感的重要途径。为此，思想政治教育队伍必须具备以下教育教学能力：能够有效获取和处理信息，将习近平新时代中国特色社会主义思想贯穿课程教学全过程，提高课程的思想性、理论性、亲和力、针对性；能够采用多种教学方法和手段，激发学生的学习兴趣和主动性，提高课堂教学的有效性和管理水平；能够关注学生的个性差异和成长需求，因材施教，进行个性化的教学指导，促进学生的全面发展；能够发现和解决教学中遇到的问题，不断提升自身的专业素养和创新能力，增强教育教学的吸引力和感染力。

（五）应对突发事件和复杂局面的能力

在高校中，大学生思想政治教育队伍与学生接触最为频繁。作为这个队伍中的一员，在管理学生时，可能会遭遇许多无法预计的突发事件。这时，我们需要准确地洞察形势，引导事态向有利的方向发展。这意味着大学生思想政治教育队伍需要通过在复杂环境中的实践锻炼来培养和提高他们的应变能力、反应能力和果断决策能力。如果发生了重大的灾难事故、治安状况出现问题，或者出现了其他紧急事件，作为大学生思想政治教育队伍的重要成员，我们应该保持镇静，冷静应对，并果断采取措施，稳定学生情绪，避免事态进一步恶化。作为学生的核心力量，我们需要时刻准备好应对各种突发情况。这需要大学生思想政治教育队伍在平时的生活中勤于经验积累，并且敢于面对各种复杂情况，做到有备无患，不轻易行事。在面临新情况时，大学生思想政治教育队伍能够根据实际情况及时进行调整和补充，灵活应对，推动工作不断向前发展。

（六）进行网上教育引导的能力

随着网络时代的到来，大学生已然成为中国网络用户中占比最高的一个群体，网络也就成了开展思想政治教育的一个新的、重要的阵地。因此，大学生思想政治教育队伍需要具备敏锐的信息意识，成为网络时代有远见的人才。然而，网络带来的问题日益增多，我们需要思考如何引导学生树立良好的价值观和伦理道德，如何让学生具备更强的鉴别能力和免疫力，以及如何帮助他们平衡网络运用和接受全面教育之间的关系。这些问题已成为思想政治教育队伍迫切需要解决的重要问题。

（七）促进学生全面协调发展的能力

21世纪教育的一个核心特征是强调学生的学习主体地位。学生具备独立自主的学习能力，能够自主选择学习内容，而不是像传统教育模式下被动地接受教师的知识传授。在这种情境中，师生关系更多地体现为民主、平等和互学互鉴。大学生思想政治教育队伍要成为学生学习的指导者、服务者，并提供适当的帮助。大学生思想政治教育队伍要形成全新的师生观念，以积极协助专业教师，推动学生的主动学习，组织并引导学生进行合作学习和研究。21世纪的大学生思想政治教育工作者需要具备分析能力，了解学生的成长状况，准确提出问题解决方案和假设，以应对各种挑战，促进学生的健康成长。个人的能力不是一成不变的，而是不断完善，不断提高的。面对21世纪的挑战，高校要培养出具有新型思维方式、知识结构和精神面貌的人才。这就要求大学生思想政治教育队伍不断学习，不断提升自身的素养，在社会实践中不断积累经验，以适应21世纪的要求，积极迎接时代的挑战。

（八）科学研究和创新的能力

当前，大学生思想政治教育队伍所面对的对象、所涉及的内容、所采用的方式和所处的环境都发生了深刻的转变，这需要大学生思想政治教育队伍拥有更强的科学研究和创新能力。

大学生思想政治教育工作是一项专业性和应用性极强的工作，因此，在大学生思想政治教育方面，仅靠个人经验和自我思考不能满足工作的需求，应该以科学化的方式进行研究和思考，并成为自己工作领域内的研究专家。大学生思想政治教育队伍的研究能力，是指借助专业理论知识，深入研究与高校学生工作以及大学生思想政治教育队伍建设相关领域的问题的能力。大学生思想政治教育队伍应有组织地将学生工作的热点、难点、重点作为研究课题，并深入分析学生工作的各个方面及其运行机制，以揭示学生工作的规律及其原则。大学生思想政治教育队伍还应深入研究学生工作对象的发展变化规律和特点，以探索科学化的学生工作方式和方法，并提升大学生思想政治教育队伍的理性素养，进一步推进大学生思想政治教育的科学化。

人类总是以其富于创造性的劳动改变着生存环境和人类自身，所以，创新是一个民族进步的灵魂，是一个国家兴旺发达的不竭动力。随着国内外社会形势的变化、现代科学技术的不断进步，大学生思想政治教育队伍要开拓创新、敢于打破陈规，这是开创工作新局面的关键，也是有效开展工作的力量源泉和不断提高工作质量的动力。大学生思想政治教育队伍的创新能力是指，在面对环境变化时，该队伍能够灵活调整工作方法、创新工作思路和理念的能力。这种创新能力主要体现在以下几个方面。

第一，创新工作方法。大学生思想政治教育队伍应积极探索新的工作方法，不断总结新的经验。在应对学生工作和未来发展趋势时，应能及时提出创新的思路、策略和方法，以适应不断变化的环境。

第二，创新管理理念。为实现学生工作的现代化和科学化，大学生思想政治教育队伍应逐步转变管理观念。从封闭式管理向开放式管理过渡，从静态管理向动态管理转变，从侧重管理型向服务型转变。

第三，培养创新人才。大学生思想政治教育队伍应树立一个以培养学生创新能力为核心的人才标准观。在教育过程中，该队伍应注重发掘、训练和强化学生的创造力，激发学生的创造热情和才能。这样可以调动学生的积极性，培养他们的学习能力、实践能力和竞争能力，使他们成为社会主义建设所需的合格人才。

第四，创新思维习惯。大学生思想政治教育队伍应拓宽视野、独立思考，具备积极向上的态度，养成创造性思维的习惯；还应增强竞争意识、创造意识和前瞻意识，以提高开拓创新的能力。

第五，形成独特的工作方法。大学生思想政治教育队伍应在创新过程中寻找学生工作的新动力和新方向，形成独特的工作方法，为学生工作注入新的活力。

第三节　大学生思想政治教育队伍的专业能力提升

一、组建理论与实践相互衔接的教学队伍

要提升教育队伍的专业能力，高校内部需要构建新型的教学团队。术业有专攻，每位教师的兴趣点和研究重点都不一样。有的侧重于纯理论的研究，有的侧重于应用转化研究；有的熟悉学术前沿的新成果，有的了解企业行业的新动态。由各有所长的教师组建成一个或几个教学团队，就可以获得"1+1>2"的效果。

团队成员之间需要加强相关课程的衔接研究，越过各门课程之间的人为沟壑，让各种相关的知识相互融通、相互印证，丰富教育队伍的知识内存，拓宽其理论视域，增强知识储备的完整性和系统性。这不仅可以加大教师课堂教学的信息量，活跃课堂教学氛围，还能让学生所学的知识相互关联，形成融会贯通的知识体系，使死的知识变成活的学问。

在教学团队集体备课、互相研讨的过程中，各个教师可以进行专长分享。既可获得取长补短之效果，使学术性强的教师更多了解实践方面的情况，实践性较强的教师加深理论方面的修为；又可以通过深入平和的探讨，使教师个人的专业特点得到更充分的展示和加强，从而促进各个教师专业素养的快速提升，形成一支一专多能的优秀教师队伍。

学校领导和院系负责人担负突破传统的教研室设置惯例的责任，在认真分析各课程之间的关联性和各教师之间的专业互补性的基础上，出台相关的政策措施，引导和激励教师自行组建科学合理的新型教学团队，并为教学团队提供必要的场地、资金和设施支持。

二、筹建教学与科研良性循环的促动机制

在一些高校中不同程度地存在教学与科研相脱节的现象。有的教师一心一意搞课题、发文章，把教学当副业，课堂教学质量一直徘徊不前；也有一些教师教学能力强，所教授的专业课很受学生欢迎，但对课题申报和学术研究不感兴趣，多年不发表科研论文。在学术研究中，围绕教学过程中碰到的问题申报课题立项

的教师较少，把科研成果运用到教学中去的教师更少。以科研推进教学，以教学促进科研，形成教学与科研的良性互动机制，也是高校教师提升教学能力的重要措施。

（一）鼓励教师围绕教学教法生成和申报课题

高校教师应着力研究当代大学生的个性特点和兴趣爱好，研究教学方法与人才培养目标的适配性，研究如何运用新媒体丰富教学手段，提高教学效果等。对上述类型的课题，高校可以提高课题经费的配套资助比例。

（二）引导和促使教师教学与科研协调发展

对那些对教学不感兴趣的教师，高校可以通过督导等手段促使他们把一部分精力用在提高教学能力上来，引导他们把科研的热情和智慧与改进教学方法有机结合起来；对热心教学、科研能力相对较弱的教师，高校应鼓励他们做一些课题研究，并定向安排一些校级课题供他们研究。为了实现优势互补，可以组织者两种类型的教师结对帮扶，取长补短。

（三）保证年轻教师有适当的学习和研究时间

一些高校中的青年教师承担了大量的教学任务，加上家庭负担较重，他们用于科研的时间和精力很少，这导致他们无法更新知识、优化知识结构，也无法深入研究学术问题以改善教学方法。长此以往，不仅阻碍他们的教学和科研能力的提升，而且他们的教学热情和职业幸福感也会逐年减低。这对于高校的持续发展是十分不利的。

三、构建名师与后学相互促进的成长模式

在教育队伍中，有一批思想活跃、充满朝气的年轻教师，也有一些教学经验丰富、科研成果丰硕的老教师。他们各有所长、各有所短，在日常的教学科研中表现出明显的互补性。但这种互补或者合作往往是自发的、随意的，缺乏相应的规范。因此，学校应当把这种互补或合作以制度的形式固定下来，成为培养年轻教师成长、提升其各方面能力的重要途径。

（一）建立高校名师工作室

每个学科或专业应选择几位在行业内有影响、教学经验丰富的教师组建若干名师工作室。如校内暂缺这样的人才，也可以从校外聘请名师来组建工作室。每个名师工作室应配备一定数量的年轻教师，借鉴中国民间工艺传承的师徒制模式，由名师对年轻教师进行带班授艺。与一般的行政或学术隶属模式相比，这种模式的传承意味更加浓郁，更能增进师徒相互之间的紧密联系。

（二）明确名师的责任和权利

名师可以把名师工作室的其他成员当作助手，为自己的教学和科研提供必要的帮助，在共同的事业追求中加深理解，增进默契。名师拥有开除不负责任的成员的权力。同时名师也有责任帮助各个成员提升教学和科研能力，将自己长期积累的研究方法和感悟无私传授给他们。学校要建立健全名师工作室制度，把培养后学的成效纳入名师工作室考核的重要指标。对工作室成员教学和科研能力提升明显的名师，应给予相应的物质奖励；对只讲权力不讲责任的名师，可以取消其资格或撤销其工作室。

（三）为名师培养后学提供支持

名师工作室的主要任务是手把手培养年轻教师，各个学校有责任和义务给予必要的支持。每年应为名师工作室提供一定数量的工作津贴，并为名师工作室配备相应的工作经费。对成效明显、业绩突出的名师工作室，应给予奖励；对"带徒"有功的名师，在职称晋级和绩效分配上应给予更多的奖励。

第四节 加强大学生思想政治教育队伍建设

一、加强高校党政干部和共青团干部队伍建设

干部队伍是学校教职工队伍的重要组成部分，其日常管理服务工作是承接学校党委、行政和各教学单位的枢纽，是联系师生员工的桥梁，肩负着推动高校思想政治教育根本任务得以有效贯彻、落实的重任，具有重要的地位和作用。因此，

要有针对性地提出加强高校干部队伍建设的措施，使高校干部队伍建设有一个质的飞跃。加强高校干部队伍建设需要重点把握以下几个方面。

（一）解放思想，解决头脑问题

解放思想实质上是对新旧事物之间的冲突进行处理。只有我们的思想得到解放，才能确保我们以马克思列宁主义、毛泽东思想和中国特色社会主义理论为准则，解决我们曾经留下的问题，并迎接当前新出现的挑战。要解放思想，就必须善于运用哲学的观点看问题、想问题、解决问题。在原则上，哲学是一种理论，它关注世界观和方法论，并揭示了事物发展变化的基本规律。世界上的现象错综复杂，哲学的意义在于揭示事物的运动规律。

学好哲学，掌握了一般规律，有助于认识规律。[①]从实践意义上讲，高等教育现在确实面临着一个复杂的形势，摆在我们面前的任务很艰巨，困难很多，矛盾很复杂。正确认识和解决这些问题离不开马克思主义哲学这个伟大的认识工具。此外，就个人实践而言，要增强自己认知世界和改变世界的能力，必须学习哲学。哲学是一门"明白学"，只有通过学习哲学才能真正领悟许多事情的深刻含义。哲学是一门"智慧学"，学习哲学可以提高人的智慧水平，增强思维能力，提升洞察力，拓宽解决问题的思路。

（二）讲政治，解决党性问题

讲政治，首先要明确什么是"讲政治"。"讲政治"就是要有这个"弦"，常怀忧党之心，恪尽兴党之责。高校党员干部既要有执政党意识、政权意识，保证高校建设与发展的政治方向，又要以经济建设为中心，理直气壮讲大道理。

讲政治，主要包括五个方面。一是讲正确的政治方向，坚决执行《中国共产党章程》，高举中国特色社会主义伟大旗帜，坚定共产主义理想、中国特色社会主义共同理想和中华民族伟大复兴中国梦，脚踏实地去努力。二是讲正确的政治立场，要牢牢站在党和国家、人民利益的立场上，说共产党和人民的话。三是讲正确的政治观点，即马克思列宁主义、毛泽东思想、中国特色社会主义理论。没有正确的政治观点，就等于没有灵魂。四是要讲政治纪律，坚决同党中央保持高

---

① 黎均.学好哲学，迈向成功——新课程理念下中学思想政治课教学方法优化之探讨[J].现代阅读（教育版），2013（4）：160-161.

度一致，不能上有政策、下有对策，不能自行其是。五是讲政治鉴别力、政治敏锐性，善于通过种种表象判别政治实质，判断政治是非，不能麻木不仁。落实到高校中，就是要从讲政治的高度牢牢把握社会主义的办学方向，坚持党委领导下的校长负责制；认清高等教育形势，不断提高政治素质，积极应对市场经济、知识经济对高校的挑战；树立正确的教育理念，遵循教育规律，按规律办事。

（三）善于学习，提升能力

学习是我们中华民族的优良传统。孔子说："学而时习之，不亦说乎？"在掌握知识后进行反复练习和实践，是非常重要的。根据这一表述，我们可以理解"学"即通过观察和倾听获取知识和技能，它主要涵盖了感性认识、书本知识及思想理论等方面。"习"强调反复学习、训练和实践，包括复习、实践、训练等，有时也包括应用。学习侧重于在理论领域中掌握思想意识，而实习则偏重于在实践层面运用知识和技能。学习是通过获取知识、发展技能和提高智力水平来塑造自身的过程，它涵盖了学、思、练、行这四个方面。

学习的主要原因有三个：一是从直接经验和间接经验的角度讲，人活动的范围、深度有限，因而直接经验非常有限；二是从人的本性角度讲，人天生是好奇心强的动物，认识自然和社会要靠学习；三是学习是人类文化传承的需要。文化作为上层建筑的重要组成部分，有其独特的发展传承规律，人类一代一代传承要靠学习。因此，高校领导干部要做好领导工作必须学习。一是向书本学，学习各种文化知识，既要学习当代中国马克思主义理论著作，也要学习古今中外的优秀文化知识。二是向实践学，知行合一，理论联系实际。

（四）提高领导能力

高校领导干部是高校管理的重要力量，其素质的高低、能力的强弱直接影响着学校教育质量的高低。高校干部要着力从以下三个层面来提高领导能力。

从大环境层面看，高校领导干部应具备三种能力：一是科学判断形势的能力，二是应对复杂局面的能力，三是总览全局的能力。

从小环境层面看，高校领导干部应具备四种基本能力：一是知人善任的组织能力，二是科学创新的思维能力，三是统筹兼顾的协调能力，四是大事与小事的区分能力。

从实际工作层面看，高校领导干部应具备八种能力：一是科学决策能力，二是贯彻执行能力，三是组织管理能力，四是综合协调能力，五是选才用人能力，六是处事应变能力，七是开拓创新能力，八是学习实践能力。

（五）要处理好战略与战术的关系

战略和战术是方法论问题。处理好战略与战术的关系，要抓住三点。一是战略一定要科学，把握住"势"。"势"有大势、中势和小势之分，要认清大势、把握中势、抓住小势，这样才能有条不紊。二是战术要围绕战略，不能朝三暮四，要一以贯之谋发展，一张蓝图绘到底，要正确认识前进道路上的曲折，不能遇到困难就绕着走，要敢于碰硬、善于碰硬、善于各个击破。三是要千方百计，要竭尽办法达到目的。千方者，999方加1方；百计者，99计加1计。

（六）要处理好全局与局部的关系

全局与局部这两个概念比较好理解，落实到实际工作中，要把握住两点。一是局部必须服从、服务于全局，因为全局大于局部。二是个体之和大于整体，重视尊重个体的创造才能，对个体既要放心，也要放手。同时，又要形成合力，成就大事业。

这里有一个关键的问题就是高校内部校院两级管理体制问题。大学进行学院制管理改革，需要重新调整和定位大学管理体制中各要素之间的关系。其核心是将大学过去以职能部门为主体的管理模式改变为以学院为主体的管理模式。通过重新分配学校、学院及职能部门之间的职责、权力和利益，使得学院具备相对独立的职责、权力和利益，有利于激发学院的积极性、主动性和创造性，增强学院的责任感，实现管理层次和管理范围的优化。这一举措进一步推动职能部门向基层提供更优质的服务，强化了学校的全面管理和未来发展规划。责权利关系是构成大学内部管理各组成要素之间相互联系、彼此作用的一种基本关系。它要解决的主要问题是如何使大学的管理重心下移，在学校和学院之间合理地配置教育资源，协调决策行为，真正实现以学院为中心的大学功能整体优化。[①]

[①] 程勉中.大学学院制管理改革中责权利关系的调整[J].云南民族大学学报（哲学社会科学版），2005（2）：81-84.

（七）要处理好各种矛盾

矛盾是事物自身所包含的既相互排斥又相互依存、既对立又统一的关系。运用对立统一的观点观察世界，是科学的世界观；运用对立统一观点解决矛盾，是科学的方法论。高等教育也存在着种种矛盾，有高校与外部的矛盾，也有高校内部的矛盾，如教学与科研、硬件与软件、一线与二线、事业发展与民生以及教师与干部、教师与学生、教师与教师、学生与学生等之间的矛盾。高校领导干部要有解决这些矛盾的办法和能力。

（八）要处理好业务和管理的关系

业务是指行业中需要处理的事务，对于管理干部来讲，就是要做好所在部门的领导和管理工作。管理就是制定、执行、检查和改进。管理是处理人与事的艺术，管理是要以有效的方法达到期望的具体成果，艺术就是得到某种所需要的具体结果的"诀窍"。管理是针对人和事进行的，而人是高度复杂的生物，包括思想、行为和心理情绪在内的方方面面都有很大的差异，难以预测和理解。各种事物的形态和种类之多以及它们的不断变化使人无法完全观察并理解所有事物。在不同的环境下，管理需要灵活运用不同的策略和方法，而不是机械地套用固定的规则。因此，管理需要涵盖高超的艺术技能，能够在不断变化的环境中做出正确的决策和行动，正确处理业务和管理工作的关系，科学安排，激发组织内成员的工作热情，汇集众人的才智，实现组织的共同目标。

二、加强思想政治理论课教师队伍建设

从管理者的思路来看，思想政治理论课教师队伍建设是思想政治教育方面的人力资源建设，是一个系统工程。总体来说，应从招聘、培养和激励管理等方面着手。

（一）认真做好教师队伍的招聘工作

教师队伍的招聘工作应坚持一定的标准，按照标准严格、结构优化的方针，坚持专兼结合的原则实现优秀人才的选拔。

1. 确立选拔标准

当前，依据德才兼备的原则，招聘思想政治理论课教师应在思想政治素质、

专业知识和实践能力等方面作出规定，使招聘来的教师能够迅速上岗，发挥其应有的作用。2008年9月，中共中央宣传部、教育部发出《关于进一步加强高等学校思想政治理论课教师队伍建设的意见》，对高校思想政治理论课教师招聘作出具体的要求。高校在招聘思想政治理论课教师时，应严格按照这一规定执行。

2. 完善招聘程序

借鉴人力资源管理理论，思想政治理论课教师招聘一般来说有以下几道程序。

首先，根据学校的情况，拟定思想政治理论课教师招聘的人数和要求。思想政治理论课教师队伍的招聘应由校党委领导统一安排，组织相关专家、有经验的教师和人事专员组成招聘工作小组，核对本校思想政治理论课教师的需求，并进行整理和汇总。工作小组可以根据本校思想政治理论课教师的素质和相关教育文件确定本校思想政治理论课教师队伍招聘的素质和任职要求。

其次，对应聘的思想政治理论课教师进行笔试和面试。工作小组应首先对应聘的思想政治理论课教师进行筛选，组织合格的人员进入笔试环节。笔试环节试题一般来说应由工作小组中的专家进行编写，原则是符合本校和各级主管机关的文件精神要求。笔试合格的教师要通过工作小组的面试环节才能进入下一个试讲环节，并将试讲环节的得分作为高校思想政治理论课教师招聘的一个关键分值。

最后，根据通过笔试、面试和试讲的人员，广泛征求意见，并报校党委审批。一般来说，招聘领导小组要结合本校对思想政治理论课教师的需求和笔试、面试、试讲合格的人员情况征求意见。原则上说，应聘的思想政治理论课教师应是全方面发展的人才，各个方面都应有优秀的表现。但是在具体实践中，某一方面特别突出的人才正好适合本校需要的情况也是有的，学校应注重招聘这样的人才。

必须注意到的是，思想政治理论课教师招聘过程中必须有一个高水平的考官队伍，严格要求招聘过程中的报考资格、筛选程序，对于招聘的方法进行科学合理的设定，对于将要担任本校教师的人员进行综合测评，做到人员和岗位的完美匹配。

（二）不断加大教师队伍的培养力度

一支适宜于本校思想政治理论课发展的教师队伍必须是一个高水平的教师队伍。这个教师队伍不能只靠招聘而来，作为人事工作的一部分，思想政治理论课教师必须得到足够的培养，实现有计划、有步骤地建设高水平教师队伍。

1. 完善培训体系，提高队伍素质

高校在制订思想政治理论课教师培训规划的过程中，应建立一个完善的而且有重点的培训体系，在全面培养思想政治理论课教师的同时突出其专业能力，实现其职业发展的专业化。从实践上看，思想政治理论课教师培训要重点深化岗前培训、课程轮训、骨干教师研修和在职培训。

2. 加强实践锻炼，搭建交流平台

实践锻炼是思想政治理论课教师培养的一个重要组成部分。高校要适当组织思想政治理论课教师进行社会实践和学习考察，通过引进来与走出去相结合的方式，实现社会资源与校内资源的完美结合，以丰富校园实训的内容。高校要围绕教学的需要，按照打开教学思路、丰富教学内容、拓展教学方法、解决教学问题的模式，提升思想政治理论课教师的能力。首先，各个高校可以帮助思想政治理论课教师进一步了解国情、了解世界，拓宽他们的视野，为其思路的打开和教学内容的丰富奠定基础。各个高校还可以将不同类型单位的理念融入思想政治理论课教师培训的内容中，为他们提供丰富的方法论支持。因此，各个高校可以选拔优秀的思想政治理论课教师参与各类社会实践，通过挂职锻炼和学习考察的方式提升其能力；还可以安排思想政治理论课教师担任辅导员、班主任，使他们更好地了解学生，推动他们将社会主义核心价值观教育融入日常教学，实现思想政治理论课教学和日常思想政治教育的优势互补。

在思想政治理论课教师的培养过程中，政府也应承担相应的责任。政府应积极组织不同高校之间教师的交流学习，实现校际交流和岗位轮换，将不同学校的经验在教师群体之中相互传播。政府还可以通过组织建设高校思想政治精品理论课的方式促进教师之间的交流与合作。这样既鼓励了优秀教师，也有助于提升其他教师的教育水平。

此外，充分利用国外的资源进行思想政治理论课教师培训也十分重要。高校可以组织教师出国研修，为优秀教师制订专项培养计划，鼓励和支持他们进行海外访问和进修。

（三）建立健全教师队伍的管理机制

科学的管理是思想政治理论课教师发挥工作热情、提高工作效率的一个重要保障。从当前思想政治理论课建设的需要来看，其管理机制主要包括考核机制和激励机制两个方面。

1. 建立健全考核机制

一套公开、客观、全面的思想政治理论课教师工作考核机制，是了解教师队伍工作状况的有效手段。当前，考核机制的建立应着重做好以下几个方面的工作。

第一，成立思想政治理论课教师工作考核的领导机构，为考核机制建立提供人员保障。一般来说，思想政治理论课教师的工作考核主要由教育处和其教学部门组织牵头进行，哲学社会科学课教师的工作考核则主要由教务处、人事处和所在学院牵头进行。为了实现考核的公平公正，新的考核机制应该将这两门课程教师的工作考核方式融合起来。

第二，确定一套科学的思想政治理论课教师考核标准。一套科学的标准是实现思想政治理论课教师队伍建设的重要保证。一般来说，这套标准主要包括以下四个方面。

一是思想政治理论课教师队伍的思想政治素质考核。思想政治素质是保障高校实现思想政治理论课教师队伍建设的方向保证，是考核的重中之重。一般情况下，这个方面的内容主要包括思想政治理论课教师的世界观、人生观、价值观、工作作风及思想方法等。

二是思想政治理论课教师的业务知识与工作能力考核。这个方面的考核主要包括马克思主义理论知识、思想政治工作专业知识，以及教学能力、调查研究能力等。

三是思想政治理论课教师的工作绩效考核。这个方面的考核非常复杂，很多学校采取的方法是学生对教师的工作进行评价。

四是思想政治理论课教师队伍的学习能力考核。这个方面的考核内容主要是思想政治理论课教师培训出勤情况、教学技能掌握情况、专业知识掌握情况等。

第三，要不断完善思想政治理论课教师队伍的考核方法。从不同高校开展思想政治理论课教师考核的方法来看，思想政治理论课教师队伍考核的方法主要有四个方面。

一是坚持素质考核与业绩考核相结合。在考核的过程中，高校要坚持思想政治理论课教师"德、能、勤、绩、廉"的综合考察，将政治方向、理论水平、业务能力、开展效果、工作态度等方面结合起来，做到综合考察。

二是做到"软件"与"硬件"相结合。所谓"软件"，主要是指岗位培训过程中的各类知识的实际应用能力。这个能力无法通过一个准确的指标进行考察，所以称为"软件"。所谓"硬件"，主要是指思想政治理论课教师在培训过程中所获的各项证书。这些是容易观察到的，所以称为"硬件"。"软件"与"硬件"的结合能够更加准确地衡量一个教师的能力与态度。

三是坚持年终考核与平时考核相结合。思想政治理论课教师的业务能力和工作状况考核既包括年终的集中考核，还包括平时的经常性检查。两者的结合既能够体现教师的工作成绩，也能够体现教师平常的工作缺陷，帮助教师改正，实现其发展。

四是坚持学校考核和学生考核相结合，实现考核评价与监督管理两个目标。

2. 建立健全激励机制

激励机制，顾名思义就是要通过一项管理制度提高教师工作的积极性。从高校思想政治理论课开展的实效性来看，建立健全激励机制是一个必要的环节。完善激励机制需要从以下几个方面入手：

第一，坚持精神激励与物质激励并重。对高校思想政治理论课教师进行激励时，首先应进行精神激励，即经常性地肯定教师的工作，这是日常教师管理的一个重要方面。其次，要注重物质激励，即从物质上对教师的工作予以肯定，让教师能够时常看到自己的成绩，从而激励他们努力工作。精神激励和物质激励的结合应侧重精神激励，突出教师价值的自我实现，满足教师在物质得到基本保障以后的高层次需求。精神激励的方式多种多样，可以是口头奖励，也可以是正式的荣誉称号，主要根据实际的场合确定不同的方式。

第二，营造教师之间的竞争氛围，充分发挥环境的激励作用。良好的竞争环境对于团队的发展具有重要的激励作用。从高校思想政治理论课教师的发展来看，高校思想政治理论课教师的竞争观念培养在于突出参与竞争的自觉性和接受竞争的积极性。因此，对于高校管理者来说，他们应善于创造竞争形式，实现教师队伍竞争形式的多样化，给更多的教师参与竞争的机会，以增强高校思想政治理论课教师参与竞争的积极性。

第三，综合运用多种激励方法。从现有的激励方法来看，主要有目标激励、政策激励和考核激励。目标激励是指设置不同的建设目标，以激发他们在工作和学习中的动机，进而激励他们在工作和学习中不断提高自身素质。激励目标的设置需要注意目标的合理性、可行性和科学性，要让教师能够看到希望，同时也要求教师付出一定的努力。政策激励是指通过设置有导向性的政策，实现思想政治理论课教师队伍的发展与提高。例如，高校可以优化教师职称评审条件，规范教师的工资待遇和特殊待遇。考核激励是指将目标激励和政策激励结合起来，充分运用定量的考核结果，注重不同教师之间的差异，有针对性地展开教师激励工作。

三、加强辅导员队伍建设

（一）职业化

在经济全球化、政治多极化和信息网络化的背景下，大学生面临着各种文化思潮和价值观的冲击。随着我国改革开放的深化，社会深层次矛盾逐渐显现，这些矛盾在一定程度上对大学生的思想观念和价值取向产生了直接或间接的影响。为迎接新时期高校思想政治工作的挑战，引导大学生树立正确的世界观、人生观和价值观，需要一支专职的辅导员队伍来开展工作。

辅导员在高校中扮演着重要的角色，他们既是教师队伍和管理队伍的重要组成部分，也是高校思想政治教育的核心力量。他们是高校学生日常思想政治教育和管理工作的组织者、实施者和指导者，影响着大学生是否能够成为社会主义事业的合格建设者和可靠接班人。因此，高校思想政治教育队伍的建设对于辅导员能否发挥重要作用至关重要。

为推进辅导员队伍专业化和专家化，辅导员队伍的职业化必须得到重视和推动，这是实现辅导员队伍建设的必然路径。辅导员职业化指的是将辅导员职业纳入正式的职业体系，并建立相应的制度、职业培训和管理体系，以保障一定数量的从业人员能够全职从事这一职业。其内容分为三个方面：职业素养、职业技能和职业行为准则。

实现辅导员队伍职业化建设需要关注以下四个方面。

第一，辅导员应具备专业背景和接受过相关领域的培训，以满足职业的基本要求。

第二，明确辅导员是一种可以长期从事的职业，逐步实施辅导员职业资格认证制度，并在高校人事制度改革中为专职辅导员设计职业通道，包括聘任、考核和晋升等，以激发他们在学生工作岗位上展现热情，并产生不断提升的动力。

第三，实施定期考核和淘汰机制，以适应高校发展和大学生成长、成才的需求，并规范辅导员的继续学习和培训制度。

第四，增强辅导员的职业规划指导，扩展他们的职业发展机会。在确保辅导员履行职责的同时，引导他们朝特定方向发展，如心理咨询或就业指导，为其提供广泛的发展途径。

（二）专业化

辅导员的职责涉及多个领域，包括思想政治的教育、心理健康教育、学风建设、学业指导、团组织管理、素质拓展指导、职业规划和就业指导等。除此之外，辅导员还需管理班级、处理日常管理问题，同时也需要关注宿舍管理和学生安全稳定工作等。然而，许多辅导员的工作繁重，在很多学生看来，他们扮演的是"全职保姆"的角色，但这种观点是不正确的。因此，如何让辅导员岗位更加专业化成为当前高校思想政治工作中需要探讨的重要话题。

辅导员专业化是辅导员职业化和专家化的关键环节。它不仅是辅导员职业化的重要推动力，也为辅导员专家化提供了必要的基础。专业化指的是一个职业群体经过一段时间的发展和积累，在符合专业标准并获得相应专业地位的过程中逐渐成为专业化的职业。因此，高校辅导员队伍应逐渐形成自己的专业标准，走向专业化，并逐步获得专业地位。他们应该被视为一支专业队伍，成为一种专职职业。

辅导员专业化建设旨在让辅导员成为一个相对独立的职业领域，实现内部工作任务合理分配和专职工作人员的数量增加，从而达到专业化、精细化的要求，避免目前的像"万金油"或四处忙碌的现象。辅导员专业化建设具体涵盖了以下几个方面。

其一，具备专业化的学术思考能力。高校辅导员的核心工作是进行思想政治教育。这项工作需要相应的专业知识和科学的方法，辅导员需要具备专业化、科学化的思维方式和视野以更好地进行工作。

其二，知识体系的结构专业化。辅导员队伍建设是高校思想政治教育强化与改良的核心和基础，要求辅导员深入学习理论思想，并具备管理、教育、社会、心理及职业指导和学生事务管理等领域的知识，以便能够展开与辅导员工作相关的科学研究。

其三，具备专业性的职业技能。辅导员需要具备出色的领导能力、思想教育水平和卓越的组织能力，以便精心策划和推进高校思想政治教育工作。此外，他们还需要具备一定的研究能力，能够持续研究最新的问题和局势，并提出新的思路和举措。

（三）专家化

专家化是以职业持续发展为中心，以提升职业社会地位、社会评价和社会吸引力为目的，教育引导专业人才在专门岗位上经历长时间的磨炼、学习和研究，逐步将自己锻炼成为有足够能力应付新形势下的各种突发性、创新性的工作，能够适应各种复杂环境并灵活处理各种问题的一种复合型人才的理想状态。[1]辅导员队伍专家化建设必须在辅导员职业化和专业化有很大的发展的基础上，通过建立规范的培养机制，逐步将一批已然成为专业人才的辅导员培养成为专家，让他们有为、有位、有尊严，让他们成为表率，从而带动整个辅导员行业对职业追求的激情和热情，拓展辅导员职业发展的空间，提高其职业化建设的标准，进一步推进辅导员职业化水平的不断提升。

---

[1] 王丽萍，姜土生.高校辅导员队伍专业化、职业化、专家化建设的内涵与逻辑[J].思想理论教育导刊，2013（6）：123-125.

第五章　新时期大学生思想政治教育的融合探究

本章为新时期大学生思想政治教育的融合探究，主要包括四个方面的内容，依次是课堂教学与思想政治教育融合、校园文化活动与思想政治教育融合、社会实践活动与思想政治教育融合、网络平台与思想政治教育融合。

第一节　课堂教学与思想政治教育融合

一、结合现代技术加强思想政治课堂教学的时代性

（一）大学生思想政治课堂教学与现代技术相结合的必要性

首先，大学生思想政治理论课教学与现代技术相结合是社会发展的产物，互联网技术的发展使大学生思想政治理论课教学现代化成为可能。

随着科学技术的发展，数字化、多媒体和网络化的信息技术日益普及和完善。互联网技术的发展使信息的传播方式发生了革命性的变化，它既为大学生思想政治理论课教学提供了广阔的平台，又丰富了课程教学内容，还推动了课程教学方法的创新。这就必然深刻影响大学生思想政治教育的信息传播方式，形成了大学生思想政治理论课教学改革与现代技术相结合的趋势。因为从传播学的角度看，大学生思想政治理论课教学实际就是一种传播活动，当信息传播方式由传统向现代发展，必然要求大学生思想政治理论课教学由传统向信息化发展。

随着大学生信息素养的不断提升，现代化的思想政治理论课教学技术也得到了推进，而青少年则是使用现代信息科学技术的主体。随着当代信息科技的迅猛

发展，大学生对其越来越感兴趣，也日渐精通相关技术。这是因为当代大学生有不同于以往大学生的三大特点。一是当今大学生多数是独生子女，渴望与他人更多地进行交流；二是高校扩招后，相较于以前的大学生，当代大学生人均高校教育资源占有量少，希望通过网络来补充；三是当代大学生成长于网络时代，与信息网络技术共成长，因而他们对网络的热爱和依赖远远高于其他群体，信息技术素养也远远高于其他群体。随着网络技术的迅猛发展，大学生正日益浸润在网络信息的海洋中。网络的普及不仅带来了信息获取的便利，还为大学生提供了沟通、娱乐和生活的全方位服务。在这样的背景下，网络公益活动成为大学生获取信息、交流观点和享受娱乐的重要途径。大学生的网络使用习惯和信息素养也在这一过程中得到了显著提升。

然而，如何将这些日益增长的网络用户和网络应用功能有效地融入大学生思想政治理论课教学，是当前教育领域面临的一大挑战。许多学生期望教师能将现代信息科学技术手段融入思想政治教学中，这为思想政治理论课与现代技术的结合提供了有利的客观条件。将现代技术应用于大学生思想政治理论课教学，不仅是提升教学效果的迫切需求，更是适应时代发展的必然选择。

其次，将现代技术应用于大学生思想政治理论课教学，是提高思想政治教育效果的紧迫需求。

思想政治教育的有效性不仅与其内容相关，也与其形式、方法和手段相关。思想政治理论课的信息化虽然属于形式、方法、手段的范畴，但恰当运用，无疑能增强思想政治教育的有效性。

然而，从现代技术的使用视角看，思想政治教育的有效性仍存在一些问题，主要表现为以下四个方面。

第一，部分教师对思想政治教育的信息化重视不足，或者由于技术能力有限，难以掌握和使用信息技术手段，仍沿用传统的灌输式教学模式。

第二，学生在网络技术应用方面较为生疏，传统的思想政治理论课程教学模式无法为他们提供适当的经典原著和参考资料，导致他们无法进行深度的学习与探索。

第三，由于师资紧张，高校在进行思想政治理论课教学时多采用大班教学的模式。在这种模式下，如果采用传统教育方式，难以创造良好的教学互动空间，且缺乏反馈和互动，导致教师的教学效果大打折扣。

第四，中共中央宣传部、教育部印发的《新时代学校思想政治理论课改革创新实施方案》对高校的思想政治课的学时要求进行了一些调整。具体来说，它强调了必修课和选修课的结合，以及课程的实践性，要求各高校要规范实践教学，把思想政治教育有机融入社会实践、志愿服务、实习实训等活动中，切实提高实践教学实效。但是思想政治理论课的内容并没有减少。这就需要大学生思想政治理论课教师要在更少的时间内完成更多的教学内容。如果仍采用传统的教学方式，是很难获得期待的教学效果的。而与现代技术相结合采用网络教学，则可以破解这一难题。

（二）高校思想政治课堂教学中现代技术的运用

1. 开发思想政治课堂教学多媒体软件

多媒体教学软件可以利用超文本技术和媒体手段，并且可以按照设计者的思维模式进行交互式的信息处理。在现代教学中，使用多媒体教学软件已经成为教育者的基础能力。多媒体教学软件拓宽了教学的方法和思路，帮助学生在学习过程中更好地理解和消化知识，提高了教学效率。

在进行多媒体教学软件设计时要坚持以下原则。

（1）教育与科学原则

第一，设计者应充分考量教学方法、目标以及受众特性，注重教学内容的组织，考虑如何合理规划利用重点和难点，从而提高教学软件的使用效果，助力学生更好地掌握相关知识。

第二，多媒体教学软件可以运用多种媒体进行设计，因此在软件开发过程中应该充分利用这个特点，将内容设计得更为生动，从而激发学生的兴趣，进而提高他们学习的积极性，进一步提升教学质量。

第三，教学软件的内容要确保正确和科学，这是通过软件进行有效教学的基础。如果不能保证这一点，那么教学质量就无法得到保证。

第四，要重视教材的典型性与代表性。在设计和制作模拟动画时，不能忽略科学性，确保动画内容符合科学理论。同时，注重表达方式的多样性和科学性，通过分类、比较、归纳、分解等方法进行阐述。

（2）互动性原则

教学软件是辅助教师进行教学的，为了得到更好的教学效果，应该重视软件与学生之间的互动性。理论知识与学习目标应以感性的方式呈现，加强互动环节，使学生可以更好地理解和吸收教学内容。这不仅可以营造舒适的教学环境，还能提高教学的真实性和交流性。

（3）集成原则

多媒体教学软件可以对多种信息进行集成处理，使信息具有很强的表现力和感染力。集成性不是指将多种信息进行简单的堆砌，而是按照具体要求对不同信息进行有序的分类和处理。

教学软件一般都是教师进行操作，所以软件的设计应该充分考虑其可控性和易用性，避免因操作复杂而影响教学效率。首先，多媒体教学软件应该保证安装和运行的简单快捷，避免复杂的操作浪费时间。其次，多媒体教学软件的操作界面应该设计简洁，在明显位置标明操作方法和用途，方便教师快速掌握操作方式。最后，要注意软件的稳定性和运行平台的兼容性。保证软件在运行过程中不会出现死机、闪退等问题，并保证可以简单退出和重启软件；注重软件与搭载平台的兼容性，尽量实现多媒体教学软件的无障碍使用。

2. 充分挖掘信息化资源

在思想政治理论课教学过程中，教师要充分挖掘信息化资源，做好思想政治理论课资源共享方面的工作。信息化资源具有以下几个特点。

一是存在庞大的数量和各种不同的种类。现代信息技术的高度集成、系统结构的极大柔性和处理方式的严密性，使得互联网信息资源具有数量庞大的特征。教育信息的形式多种多样，在信息化时代有许多途径来传达，如文字、图片、音频、视频等。随着互联网信息技术的不断发展，信息的表达方式也越来越多样。

二是内容丰富，但侧重点有所偏移。网络上存在许多教学资源，且不同网站所提供的服务各有不同，因此在教学资源的内容和重点方面也会存在不同。虽然网络中的教学资源内容丰富，但不同网站和数据库的作用和侧重不同。不论是教育者还是学生，都可以按照自己的搜索意愿在相关网站进行教学资源检索，帮助他们快速便捷地获取需要的资料，相比传统的资料检索方式，信息化教学资源的检索简单方便，可以节省大量时间。

三是形式多样、分布广泛。信息化教育资源呈现出分散、开放的特征。同时，互联网具有超文本链接方式与强大的检索功能，这使信息资源之间存在很强的关联性，这种关联性可以帮助人们更方便地检索和利用信息资源。

四是动态发展、信息更新速度快。互联网信息资源的发布和传递始终处于动态变化中，相比传统的信息传递方式，其更具快捷性和灵活性。信息化教学资源可以进行实时更新，在相关网站上发布最新动态，使教育者和学生可以及时掌握最新的教学资源。信息化教学资源可以通过互联网进行及时、快速的传播，打破了传统教学资源的传播模式，大大提高了信息资源的更新和传播速度。

五是传播范围广、具有交互性。互联网信息资源通过多媒体进行传播，超越了传统的信息组织方式。多媒体通过语言和非语言两种符号进行信息传递，使信息传播范围更广。同时，丰富多样的传播方式为人们带来了全新的感官体验。多媒体具有很强的互动性，这使得通过多媒体进行传播的信息化资源具有交互性。信息化教育资源在传播范围上远远超过传统教学资源，不用担心教学资源因数量限制而无法供更多人阅读。与此同时，多样化的感官体验也带给人们不同以往的交互体验。

3. 构建微课堂

随着移动5G网络时代的到来和网络新兴媒体的广泛普及，网络在人们的日常生活中的重要性日益增强。移动学习已成为微课堂的主要学习方式。随着智能手机的普及，人们获得了一个更优质的接收平台。微课堂有着简洁精巧、不受时间空间限制的特征，深受大多数青年学生的喜爱。一旦接入网络，教师就可以利用手机和其他便携设备，在不受环境影响的情况下，通过微信或微博进行微型教学。通过同步或异步与学生交流学习，解决疑难问题，达成教学目标。一般而言，微课堂资源库对公众开放，只需通过微信或微博上的链接，就可以轻松访问并上传、下载学习素材，同时还支持多种媒体服务，不失为一种省时、省力、高效的方法。思想政治理论课教学也要利用现代技术，构建微课堂。

微课堂的主要流程包括课程准备、导入（视频、PPT、魔术等）、实验探究、具体讲授、合作学习、点评、布置作业、总结分析。微课堂用于教师的课堂教学，既能不断增添新的课程资源，又能满足教师日常教育教学的需求；既能同时满足教师备课、教学、学习、反思和研究等多方面的需求，又能系统地整合教学资源类型。因此，微课堂具有资源类型多样、简明扼要、主题鲜明、教学情境真实、动态生成的特点。

一是资源类型多样。微课堂的重要内容是课堂教学视频。视频可以由多种文化元素构成，在进行微课堂教学时要利用微课堂的视频特点，营造一个系统的、真实的、开放的"微教学资源环境"，向学习者展示教学内容，在潜移默化中影响学生。

二是简明扼要。微课堂用来教学的视频时间一般很短，为3分钟左右，最长也不过8分钟，这一特性也更加符合学习者短暂的记忆特点。同时，微课堂的信息容量也相对较少，适合移动学习和个性化学习。微课堂往往简明扼要地讲明什么是对的、什么是错的，帮助学习者明辨是非。

三是主题鲜明。微课堂教学模式的主题显著突出，比传统课堂更加明确，内容更加精炼，方向更加易于掌控，这种教学方式具有明显的优势。教师在进行微课堂设计时，应该以课堂教学为核心，借助微课堂这个新的形式来实现对高校思想政治教育的支持，引导学生形成健康的世界观、人生观和价值观。

四是教学情境真实。传统的课堂为微课堂提供了基础，微课堂可以真实反映课堂教学的全过程，也可以反映师生在教学、学习中的各个方面。比如，在进行高校思想政治教育时，可以将弘扬中华美德的故事迁移进课堂，让学生自己体会、感悟。

五是动态生成。微课堂并不是将传统意义上的各种资源进行简单累积，也不是拿来就用的、现成的教学资源包，它是将课堂内容中的某个知识点或与其相关的课堂内容进行优化组合，并将所要讲的内容与其任务、活动及环境等因素之间建立起一个相互联系、互相影响的网络。微课堂更加注重学生的主体性，注重培养学生分析问题、解决问题的能力。

4. 利用微电影进行课堂教学

微作品是在新媒体发展的背景下应运而生的。目前，微电影受到广泛的关注。因此，大学生思想政治理论课教学也可以通过合理利用微作品，使大学生在潜移默化中接受教育，从而提高思想政治理论课教学的有效性。

微电影最初在网络上兴起，通过互联网新媒体平台进行传播。微电影在互联网上受到人们的追捧，很大原因在于网民的主动参与，且互联网平台具有很强的包容性，可以为人们提供更加开放的展示空间。随着微视频、微电影的兴起，越来越多的网民开始将自己拍摄的身边故事上传到互联网，通过互联网新媒体的传播，这些微视频、微电影可以分享给更多人。在课堂教学时选择的微电影要具有以下两个方面的特点。

第一，突出叙事性。微电影作为电影的一种形式，当然具有显著的叙事性，通过叙事与主题相结合的方式，将宣传片想要表达的中心思想渗透到影片之中，通过这种宣传方式的渗透性与亲和性使学生领会其中的精神。

第二，明确主题类型。在课堂上，为了吸引学生，进行微电影选择时要选能够引起他们兴趣的主题，从而进行思想政治教育。通过观看公益微电影，学生可以在潜移默化中对自己的世界观、人生观和价值观进行积极思考，使他们更加理性、正确地认识和面对世界和自己，从而达到思想政治教育的目的。

二、结合时政加强思想政治理论课教学的先进性和实践性

（一）大学生思想政治理论课教学与时政结合的必要性

假如大学生思想政治理论课教学无法与社会现实对接，对大学生关注和思考社会现实问题难以发挥作用，不能客观、全面地解释社会转型时期所出现的各种现象，思想政治理论教育就会显得单薄无力，缺乏对大学生的吸引力、说服力和感染力，思想政治理论教育的实际效果和针对性也不会令人满意。

1. 将大学生思想政治理论课与时政结合起来教学是必要的

将时政融入大学生思想政治理论课能够使思想政治理论教育保持政治性和时代性。同时，大学生思想政治理论课教学也是高校进行思想政治教育工作的重要内容和主要呈现方式。与高校其他教育教学活动相比，大学生思想政治理论课教学具有强烈而鲜明的政治性和时代性。它的政治性和时代性源于对社会现实的关注，而这种特性得以一直延续是因为我们长期坚持认识、分析和解决社会现实问题。

大学生思想政治理论课的政治性突出表现为它具备思想政治教育的意识形态属性。我国的意识形态教育课就是思想政治理论课。马克思主义基本原理及其中国化的系列理论成果在思想政治理论教育中扮演着核心角色，它们是国家意识形态的重要表现形式。高校开展思想政治理论教育，首先是坚持马克思主义的党性

原则和捍卫国家意识形态安全的必然要求。其次,思想政治理论教育发挥着理论育人的重要作用,担负着为我国社会主义建设培养具有优良思想政治素质的建设者和接班人的重任,它在促进思想政治理论教育目标实现的同时深刻体现着思想政治理论教育特有的政治导向性。大学生思想政治理论课教学的政治性除了通过其自身性质和肩负的使命、任务表现出来,还突出地表现为思想政治理论教育对社会现实的高度关注。通过运用马克思主义基本原理及其中国化的系列理论成果,我们可以解决大学生在思想层面上存在的实际问题,同时也可以对国内和国际的各种社会现实问题进行认识、分析和解决。

大学生思想政治理论课教学的时代性,主要源自马克思主义与时俱进的理论品质。随着时代的不断进步和社会的不断发展,现代的马克思主义者在对社会现实的反思和实践经验的总结中不断提出新的时代命题。新的马克思主义理论成果是在对各种社会现实问题进行科学回答和解决的基础上得出的,这些新理论既创新又丰富了思想政治理论教育教学的内容,同时也可以保证思想政治理论教育教学与时俱进,并为国家和社会的发展提供服务。大学生思想政治理论课教学,既要及时体现和充分反映马克思主义在理论和实践上的重大发展和突破,同时还要充分反映现时国际和国内的政治经济形势的新变化,紧紧围绕党和国家的重大方针政策和战略决策,时刻关注党和国家以及社会现实生活中存在的种种问题。

2. 大学生思想政治理论课教学与时政结合是提高其针对性、实效性和吸引力的必然选择

坚持以人为本,关注社会现实,努力使大学生思想政治理论课教学贴近实际、贴近生活、贴近学生,是大学生思想政治理论课教学必须遵循的指导思想,也是提高大学生思想政治理论课教学针对性、实效性和吸引力的必然选择。

大学生思想政治理论课教学的针对性,让大学生在学习过程中能够深刻理解并应用所学知识,解决国内外实际社会生活中遇到的不同问题,实现改革开放和社会主义现代化建设的重要目标。针对大学生的思想实际、心理需求和认知特点,针对大学生关注的社会热点、难点和疑点问题,针对社会现实中存在的各种错误思潮,高校要有的放矢地开展教育活动,要敢于并善于对重大社会现实问题和大学生关注的社会热点、难点、疑点问题作出有说服力的回答。

大学生思想政治理论课教学的实效性是指大学生参加思想政治理论课教学活

动后，达到思想政治理论教育目标的程度。具体来说，就是指大学生思想政治理论课教学活动及其内容对大学生思想观念影响的深刻性、持久性，对其预设目标的实现程度，以及对大学生思想与行为方式所产生的引导和强化作用。

大学生思想政治理论课教学的吸引力，就是指大学生思想政治理论课教学所透射出来的对大学生的亲和力和凝聚力。对于大学生思想政治理论课教学而言，针对性、实效性和吸引力三者相辅相成，缺一不可，其中针对性是产生实效性和吸引力的前提，实效性是增强针对性和吸引力的目的，吸引力是联结针对性和实效性的纽带。提高针对性、实效性和吸引力，是大学生思想政治理论课教学永远绕不开的核心话题。

3. 将当下社会热点与大学生思想政治理论课有机结合，凸显了该课程的实践性

大学生思想政治理论课的实践性体现在其对社会现实问题的关注、思考和回答，以及其与各种社会实践教学活动的结合上。为了凸显思想政治理论教育的实践性，我们主要应做到以下几点：

第一，思想政治理论课教学要与认识现实社会的实践活动相结合，敢于和善于理论联系实际，努力使思想政治理论教育贴近社会现实和大学生思想实际，不回避思想政治理论教育遇到的各种现实存在的社会矛盾和问题，并为大学生准确地解读这些矛盾和问题。

第二，思想政治教育者要先受教育，要以对社会现实的深切关怀深入社会实践，通过实地参观、深入调查和进行科学研究获得大量的原始资料。思想政治理论教育者要具备敏锐的社会观察力和思考能力，能够捕捉并深入思考社会和大学生中出现的重大问题和思想实际问题，将这些问题有效地融入思想政治理论课的教育教学中，以提高教育的针对性、生动性、吸引力和感染力。

第三，将课内实践教学、社会实践教学和虚拟实践教学等列入思想政治理论课的教学体系中，并有计划和目的地引导大学生参与各类社会实践活动，如参观考察、社会调查、科技文化服务、勤工俭学、志愿服务等，旨在帮助学生深入了解现实社会问题，体会马克思主义对世界认识和改造的巨大力量。这样，大学生在参与实践活动过程中会逐步形成科学的世界观、人生观和价值观，同时激发其产生社会责任感与时代使命感。

(二)大学生思想政治理论课教学与时政结合的原则

1. 坚持科学性和方向性相结合原则

科学性和方向性原则作为两大思想政治理论教育原则,是经过长期的思想政治理论教育实践形成的,两者之间辩证统一,对思想政治理论教育发挥着积极作用。

在大学生思想政治理论课教学中,关注社会现实并将其与时政相结合,是思想政治理论教育的重要组成部分。因此,在开展大学生思想政治理论课教学时,既要关注社会现实,同时也必须自觉遵循思想政治理论教育的科学性和方向性相结合的原则。这意味着,我们需要遵循科学认识与价值导向相统一的原则,坚持科学性和方向性相协调的原则。具体而言,就是在关注和思考国内外社会现实问题、追踪和讲授社会热点问题、研究和解决大学生思想实际问题时,要秉持马克思主义的认识路线,尽可能准确地认识各种社会现实问题,向大学生提供有力的回答,同时坚持社会主义方向,以积极教育为主,勇敢批判存在于现实社会和大学生中的各种错误思想,引导大学生形成正确的世界观、人生观和价值观,自觉维护社会主义意识形态的安全。

2. 坚持层次性和针对性相结合原则

层次性和针对性原则是经过长期实践总结得出的又一对思想政治理论教育原则,二者相互依存、相辅相成。

大学生思想政治理论课教学要与时政相结合,并遵循层次性和针对性相结合的原则。这意味着必须考虑及分析大学生的各种差异,如类型、层次和性格差异,并根据这些差异采取不同的教育内容和方法,实现因材施教的教育目标。将层次性和针对性相结合应用于大学生思想政治理论课教学,是一种正确的指导原则,它充分考虑了教学对象的具体情况,能帮助教师有效地开展思想政治理论课教学。

大学生思想政治理论课的教学内容应当紧贴社会现实,包括国内外各种社会现实问题、当前和未来一段时间内的热点问题,以及高校和社会上存在的不合理思潮。思想政治理论课教学必须以大学生的价值取向、兴趣、关注点为出发点,全面深入地展开教学工作。大学生来自不同的学校和家庭,具有不同的学习和生活环境,其学习积极性也存在个体差异,他们在政治和思想方面也存在不同的倾向。因此,在大学生思想政治理论课教学中,教师应该把与时政相关的内容融入进去，并且遵循层次性和针对性相结合的原则。也就是说，教师需要根据大学生群体的不同层次，有针对性地选择不同的社会现实问题进行分析和解答。我们需要加强对社会现实问题的准确定位、分析和解决，以提高其有效性，也要更加关注社会现实问题。

3. 坚持疏通与引导相结合原则

我们可以将引导与疏通相结合原则称为疏与导相结合原则。中国共产党人在长期的思想政治工作中一直坚持疏与导相结合原则，并在实践中证明这是正确的思想政治工作方式。这一原则也是大学生思想政治理论课教学与时政结合必须遵循的基本指导原则之一。在大学生思想政治理论课教学中，疏与导相结合原则是指在时政与课程内容融合的过程中，正确引导大学生认识、分析时政问题，并针对阻碍大学生正确思想形成和侵害国家意识形态安全的错误社会思潮进行批判。该原则强调要充分倾听大学生的观点和意见，通过广泛的讨论和建设性的引导，帮助大学生形成科学的思维和看待问题的方式。在此基础上，制定科学的引导策略，引导大学生正确地表达自己的观点，从而更好地增强大学生的思想政治素质。我们要明确地支持和推崇正确的意见和观点，让它们在大学生中成为主流和积极的影响力。针对错误的看法和见解，我们可以运用民主讨论、说服教育、实践学习、批评和自我批评等措施，通过理性的演说和感性的演绎，将负面因素转化为正面因素，对各种错误的思想观念进行正确的引导和调整。

（三）将时政融入大学生思想政治理论课的教学方法

1. 案例教学法

案例教学法是一种教学方法，教师会根据教学目标引入一些社会或学生生活中的实际问题，让学生综合运用所学知识思考、研究分析、讨论案例，以提高他们的分析和解决问题的能力。案例教学法虽然历史悠久，但经过不断地探索、创新和发展，案例教学法已经发展成为一种新型的教学方法。

案例教学法在大学生思想政治理论课教学中担任了很重要的角色，它将时政话题融合进课程中，引导学生全面运用相关知识来进行问题思考和分析。这种方法非常具有感染力和针对性，是一种有效的现代教学方法。在大学生思想政治理论课教学中，将案例教学法与时事结合，能够很好地贯彻理论联系实际的教学原则，培养学生分析和解决社会现实问题的能力，增强学生对思想政治理论教育的接受度。相比传统的讲授法，这种方法更具吸引力和实践性，因此教师应经常加以运用和创新。

2. 新闻分析法

新闻分析法也叫舆论分析法，是指教师引导学生通过观看、分析相关的报纸、电视、网络等新闻媒介对国际时事、党和政府的重大活动及社会事件的相关报道情况，帮助学生在正确认识时政的最新动态消息的基础上确立科学的形势观和政策观的方法。

在大学生思想政治理论课教学过程中，新闻分析法的具体方式有报纸、政府公报等文字媒介新闻分析和电子媒介新闻分析等。

新闻分析法伴随大众传媒的出现而产生。一方面，大众传媒播报的均是近期的新闻热点，而热点时事又往往是一定政治立场的外在表现。因此，在高校思想政治理论教学过程中使用新闻分析法既有助于发挥时政的信息工具价值，又有助于强化高校学生的正确形势观和政策观。另一方面，使用新闻分析法对高校学生开展思想政治理论课教学具有便捷易懂的特点。大众传媒播报的时事多为客观事实，具有感性的认识基础，从而减少了教育者在理论教育方法中的原理解说时间。新闻分析法利用各种信息载体如报纸、广播、电视、网络等，来获取和分析信息。这种方法具有使用成本低、方便实用的特点，而且使用这些载体进行新闻分析的条件限制很少。

3. 问题研究法

研究问题是科学研究的一种重要形式。在当前的大学生思想政治理论课教学中，我们应该高度重视并积极推广问题研究法作为一种有效的教学手段。大学生思想政治课教师可以在对时事进行分析后，提出一系列具有现实性、针对性、前沿性和实践性的问题，引导学生对时事进行深入思考。这种教学方法可以有效地激发学生的问题意识，促进他们认识到社会现实问题，并培养他们将理论与实际联系起来的自觉精神和实践创新能力。这种方法还能提高学生的问题分析和解决能力，使他们从学习中受益。同时，当大学生进行与时政相关的问题研究时，他们通常会用更多时间来收集一些学习资料，有些资料可能会成为思想政治理论课教师教学资料的有益补充。此外，大学生还能够提出一些新的观点和思想，带来全新的视角和材料，这为思想政治理论教育者提供了非常有价值的理论与实践研究的新素材，从而促进教学相长。

（四）大学生思想政治理论课教学关注社会现实的导向

大学生思想政治理论课应该将时政与教学内容融合，重点探讨国内外社会的热点话题、焦点问题以及各种社会思潮。

1.国内外社会热点话题、焦点问题

追踪国内外社会热点话题是思想政治理论课实践教学内容的重要组成部分。这种教学内容密切结合经济全球化、信息多元化带来的新变化以及改革开放和社会转型期等现实问题进行研究和探讨。这种教学内容可以提高思想政治理论课的实用性和吸引力，确保大学生的思想与时代同步。

当我们将思想政治理论课教学与时政相结合时，最重要的挑战在于关注当前国内外社会热点话题和焦点问题的同时对大学生感兴趣和关注的内容进行深入的、引人入胜的分析和解答，以获得更具说服力的效果。

国内外社会热点话题、焦点问题是指在一定时期内引起广泛关注并具有时代性、历史性、教育性的社会现象，其具有一定的政治色彩和政治意义。国内外社会热点话题、焦点问题可以分成不同类型，如国外社会热点话题、焦点问题和国内社会热点话题、焦点问题，全国性社会热点话题、焦点问题和区域性社会热点话题、焦点问题，政治热点话题、焦点问题和经济文化热点话题、焦点问题等。

大学生思想政治理论课教学需要融合时政内容，首先要针对各门思想政治理论课程的不同特点、任务和目标，选择那些既引人关注、又符合思想政治理论教育教学要求的国内外社会热点话题、焦点问题作为课程教学中的重点。其次，在思想政治理论教育教学过程中，教师要持续关注全球性的国内外社会热点话题和焦点问题，以提高大学生对这些问题的整体了解和认知。另外，需要考虑高校的具体情况，充分利用本地思想政治理论教育资源，紧密结合当地社会热点话题和焦点问题，有针对性地开展大学生思想政治理论课教学。

2.各种社会思潮

随着社会主义市场经济的发展和转型期社会结构的变化，各种社会思潮开始呈现多元化发展趋势。大众媒体每天都会刊载大量具有不同观点的文章，形成了百花齐放、百家争鸣的生动局面。在大学校园里，这种情况主要表现为大学生的思想观念日益丰富多彩，他们对各种社会思潮持包容态度，有的大学生甚至会接受错误的思潮。综合而言，当前中国的思想界普遍以马克思主义为主导，毛泽东思想及中国特色社会主义理论体系已经成为主流话语。这种积极健康的意识形态引领着国家发展大势。然而，我们也必须保持警惕，认识到我国的意识形态安全方面存在挑战，这需要广大思想政治理论教育者高度重视。

在大学生思想政治理论课教学中，教育者需要关注各种错误的社会思潮。首先，教学者应有意识地研究高校和社会中存在的不同类型的错误社会思潮，通过理论和实践深刻了解这些错误的社会思潮的本质及其可能对大学生产生的影响。其次，教育者需要以正确的政治观念和道德取向为基础，借助马克思主义的理论视角积极地与各种不良的社会思潮进行斗争，以帮助学生成长和成才。最后，通过组织演讲会、读书会以及参观考察等多种形式的实践活动，引导大学生积极融入社会，深刻认识国情，深入领会马克思主义、毛泽东思想及中国特色社会主义理论体系对中国改革开放和社会主义现代化建设所起到的巨大理论指导作用，加强精神建设。

三、结合心理学加强思想政治理论课教学的科学性

（一）大学生思想政治理论课教学与心理学结合的必要性

1. 有助于提高思想政治理论课教学的科学性

大学生思想政治理论课教学与心理学融合，力求从人们心理发展的角度深入探讨大学生思想政治理论课教学实践。该研究和实践运用马克思主义理论作为指导，并结合心理学相关学科理论知识，特别是心理学研究中的观察法、体验法、实验法等，以便更好地适应大学生的实际思想情况。这样做能有效地提高大学生思想政治理论课教学的科学性，并使其更加接近受众的实际需求。

心理学有其特定的研究对象，它注重研究人的心理状况及其发展变化的规律；其目的就是最大限度地调动人们的积极性、创造性，协调人们之间的关系，以提高人们认识世界和改造世界的能力。大学生思想政治理论课教学与心理学结合，要客观反映教育对象的内心世界，把握教育对象心理变化发展的规律，适时地对其进行思想政治教育引导。

将心理学的研究方法应用于大学生思想政治理论课的教学中，要基于辩证法的原则，以历史的发展视角来审视、分析和理解教育对象。据历史经验所述，如果大学生思想政治理论课程缺乏科学性，很容易落入形式主义、经验主义和盲目主义的误区，教学效果也会大打折扣。这样一来，大学生思想政治理论课就可能成为"两张皮"，其价值和地位也将难以得到社会的认可。考虑到这一点，大学生思想政治理论课教学应该融合心理学，秉持高度责任感和强烈使命感，遵循教学科学性，兼顾实际情况，提升教学的科学意识，并在思维、方法、手段等方面展开创新探索。

大学生思想政治理论课教学与心理学结合还必须坚持理论联系实际，即应用心理学的理论与方法去分析和解决思想政治教育对象的实际问题，把心理学的理论和方法拿到实践中去检验，在实践中丰富和发展大学生思想政治理论课教学的理论和方法。

大学生思想政治理论课教学的科学性是否实现或提高，最终会通过教学效果反映出来。如果没有得到预期的教学效果，就说明其某个环节出了问题；反之，则说明大学生思想政治理论课教学符合教育对象的思想实际，符合教育规律，证明了大学生思想政治理论课教学的科学性。

大学生思想政治理论课教学与心理学相结合，既确保大学生思想政治理论课教学符合教育对象的心理发展特征，同时也实现了教育对象从被动接受教育到主动进行自我教育的转变。通过这样的方式，教育对象不仅能够真正理解课程内容，还能够实现大学生思想政治理论课教学的目的。

中共中央、国务院在2004年下发的《关于进一步加强和改进大学生思想政治教育的意见》中就明确提出要坚持教育与自我教育相结合。既要充分发挥学校教师、党团组织的教育引导作用，又要充分调动大学生的积极性和主动性，引导他们自我教育、自我管理、自我服务。一般来说，针对某个个体的思想政治教育不是一次就能够完成的，要实现教育对象的思想道德品质和政治信念达到思想政治教育的要求，并实现由内化到外化的转变，就需要教育对象发挥自己的主观能动性，变教育客体为教育主体，并不断地激发自我教育的动力。

把大学生思想政治理论课教学的科学性放在首位，按照教育的规律，发挥教育对象的主观能动性，使教育变成自我教育，这是大学生思想政治教育的重要原则。为了更科学地进行大学生思想政治理论课教学,我们需要将心理学的理论和方法纳入课程中,以了解和把握教育对象心理变化的规律,适时地调整其学习和接受信息的心理状态,从而实现更有效的自我教育。

2. 满足培养全面发展的社会主义合格建设者和接班人的需要

思想政治教育的目的说到底就是教育和培养人,培养社会主义建设的合格接班人。

合格接班人就是全面发展的人,就是身心健康、德智体美劳全面发展的人。这就要求大学生思想政治理论课教学要与心理学结合,充分发挥心理学在培养全面发展的人的过程中的重要作用。"人的全面发展"是一个科学的概念,马克思主义认为全面发展的人是"各方面都有能力的人,即通晓整个生产系统的人"。①按照马克思主义对人的全面发展的论断,全面发展的人应该是体力和智力充分自由发展的人、才能多方面发展的人、社会关系高度发展的人。

我国目前正处于社会转型的阶段。在这一过程中,社会经济、政治、文化结构,以及人们的思想观念和思维方式等都正在发生深刻的改变。由于旧有的结构已经被颠覆,新的秩序和社会机制尚未完全建立,因此当前国内的人们可能会面临来自现代化社会转型过程中的观念、制度、心理等多方面的问题,这些问题可能导致人们的思想、观念和心理出现冲突。由于出现了新旧之争,人们的观念陷入僵局,而现实社会正在快速转变。这造成了人们的思想、信念和现实生活之间的巨大鸿沟,因此人们越来越难以适应这种变化。

尽管整体来说,我国社会价值观的主流方向是健康且积极的,它彰显了中国人民的精神面貌和时代特征,反映了我国社会发展的主导方向和社会主义核心价值观的成就。然而,社会的多样性、复杂性、多重性以及变化的环境使人们感到困惑并且失去方向。特别是对于大学生来说,他们的价值观尚未稳固,辨别是非的能力也相对不足。这便导致了一些人在价值取向上出现了偏颇,从而引发信仰、诚信、道德和公信力等方面的缺失问题。

现代社会中存在大量不确定性和不稳定性因素,这些因素的影响具有非逻辑和非理性的特点,且种类和程度各异。尽管这种快速的变化为人类的进步提供了许多机遇,但也存在着潜在的风险。尽管网络拓宽了现代人的交际渠道,但它也

---

① 上海师范大学教育系.马克思恩格斯论教育[M].北京:人民教育出版社,1979.

使人们陷入了一种"生存的孤独"。这种孤独并不是指肉体上的孤立，而是心灵层面的孤独，表现为我们依赖的意义和关系的缺失。

人是要有理想信念的。没有理想信念，就没有前进的动力。理想信念是凝聚人民群众的纽带，是人民群众的精神支撑。它具有导向的功能。只有具备了理想信念，才能保持坚强斗志，才能保证事业取得成功。

大学生思想政治理论课旨在引导青年学子树立崇高的理想信念，积极投身社会主义建设之中。将心理学理念融入大学生思想政治理论课教学旨在从个体心理发展角度深化课程内涵，助力大学生健康成长。在教学过程中，我们遵循心理疏导原则，疏通大学生的心理，引导大学生向着正确的方向发展。心理互换原则使我们能与教育对象达到相互理解、相互信任，力求实现心与心的融合。通过情感强化原则，我们能走进大学生的内心世界，与他们产生共鸣。为了实现大学生思想政治理论课教学目标，我们有时需要运用心理学的方法来调整和改变教育对象的心理、情感和态度等。心理学常常采用心理震慑法、认知改变法、心理交融法等手段，实现心理的震慑与抑制、调整与改变、交流与融合，进而调整思想，改变思想，实现心理转向，达到大学生思想政治理论课教学的目的。总之，大学生思想政治理论课教学与心理学结合就是要努力实现教育对象的全面协调发展，为国家培养具有健康心理素质和坚定理想信念的社会主义建设者和接班人。

（二）心理学理论在大学生思想政治理论课教学中的运用

1. 大学生思想政治理论课教学的心理学原则

提高大学生思想政治理论课教学质量的一个重要前提就是把握好大学生思想政治理论课教学的心理学原则。

（1）心理认同原则

认同是在思想、情感、态度和行为上主动接受他人的影响，使自己的态度和行为与他人相接近。心理认同既包括理性方面的认知的求同，还包括感性方面的情感的移入；既包括受教育者对教育者的情感认同和对教育目标的认知求同，还包括个人对社会规范和主流价值观念的认同。心理认同作为一种心理状态可产生肯定性的情感，成为客观目标的驱动力，也制约着人们对特定实践活动的态度和行为。大学生思想政治理论课教学要在思想上或行为上影响大学生，首先要尽量取得大学生对思想政治理论教育心理上的认同。

（2）心理相容原则

心理相容是指群体成员在心理与行为上的彼此协调一致。它是群体人际关系的重要心理成分，是以成员彼此对共同活动的动机与价值观的一致为前提的，是群体共同活动顺利进行的重要的社会心理条件。大学生思想政治理论课教学中的心理相容是指教师与大学生之间情感相融、相互尊重、和谐融洽的心理和情感关系。运用心理相容原则能够构建一种积极的情感关系，唤起大学生对思想政治教育的回应，在大学生思想政治理论课教学时引起大学生思想上的共鸣，从而实现教育目标。可以说，心理相容是大学生思想政治理论课教学的心理基础。

（3）心理动机原则

心理动机原则是指通过满足受教育者的物质和精神需要，激发人的潜能、调动人的积极性、主动性和创造性，从而产生行为的内在动力。人是为了满足需要才进行积极行动的。动机是指由特定需要引起的，欲满足各种需要的特殊心理状态和意愿。动机原则实际上也是满足原则。在大学生思想政治理论课教学过程中，理论课教师应该认真分析大学生的心理需要，通过满足大学生的需要把大学生的思想活动引向既定的教学目标，增强大学生思想政治理论课教学的针对性和实效性。

（4）心理互动反馈原则

心理互动反馈原则表明大学生思想政治理论课教学过程不仅是教师传授知识的过程，更是主体间、主客体间在共同的心理环境之中的互动过程。这一动态过程要求我们重视教学效果的及时、灵敏、准确的反馈。反馈信息在实现教学目标的有效转化中起着至关重要的作用。它不仅为教育措施的调整提供了依据，更为理论课教师制定新的教学决策提供了重要参考。因此，为了保证教学效果，我们需要不断利用反馈信息来调整和完善教育过程。

（5）个性心理差异原则

能力、气质和性格是人的个性心理特征，个性心理特征会影响教育的过程。大学生思想政治理论课教学方法的选择要重视大学生的心理差异，对个性心理特征进行具体分析，对具有逆反心理、心理障碍、挫折感的教育对象应选择有针对性的特殊的教育方法，才能行之有效。

2. 大学生思想政治理论课教学中具体心理学方法的应用

（1）谈话法教学

谈话法是通过面对面的交谈，获得谈话对象个人的意愿感受、思想及心理活动的信息，并分析其心理特点的教育方法。在大学生思想政治理论课教学中运用谈话法的基本原则是用"心"交谈，主要表现在以下几个方面。

第一，爱心、热心、耐心、细心，倾心相谈。在大学生思想政治理论课教学中，谈话被视为一种教育方法。这不仅仅是指简单的交谈和沟通，而是按照既定的目的，有规划地进行的教育活动。在谈话过程中，教育要深入学生内心，获取教育信息和资料，还要应对谈话过程中出现的意外情况，做到灵活处理。思想政治理论课教师在教学工作中应表现出对思想政治教育事业的热爱，以及对学生的关爱。他们要耐心解开学生的思想困惑，善于倾听，用心回应，关注学生的言谈举止，深入理解其话语、语调背后的含义，并真诚、平等地与学生进行交流。

第二，熟练掌握与人交谈的技巧和艺术。谈话的成功与否取决于是否应用了恰当的技巧和艺术，包括识别良好的谈话时机、进行充分的准备、创造良好的交谈环境、找到合适的切入点、掌控谈话的场景和情绪。这些技巧和艺术是谈话的科学实践。成功的谈话需要将情感和理性相结合，采用生动有趣的语言，客观真实地描述事实，并注重以教育者自身的人格和学识赢得受众的认可，从而提高谈话的吸引力和影响力。

（2）情绪感染法教学

情绪感染法就是通过情绪的共鸣、渲染、同频、寓理而感动，实现心理交融，获得大学生思想政治理论课预期教学效果的方法。人是社会存在物，人在劳动中创造了语言，也产生了丰富的情绪和情感。情绪是在对自己所处环境认知的基础上产生的情感体验；情绪在交流过程中会产生很重要的作用，因为情绪对人的认知、兴趣、意志都有非常重要的影响。在大学生思想政治理论课教学中，良好的情绪会促进大学生认知的发展、兴趣的培养、意志力的增强。

情绪感染是指教育者和教育对象之间的情绪交流，特别是指教育者通过传递积极情绪来影响教育对象的情绪，以此与其互动交流。因此，在大学生思想政治理论课教学中，教师应很好地应用情感沟通的技巧，具体来说，应该具备以下几个方面的能力。

首先，教师要饱含激情。在大学生思想政治理论课教学的过程中，教师要充满激情，以激发大学生的学习兴趣。在教学过程中，建立民主平等、相互尊重、教学相长的融洽关系至关重要，这有助于提高教学效果。

其次，教育者要注重寓教于乐。寓教于乐的教学方法就是使教育对象在愉悦的氛围中获得知识并健康成长。教师要激发大学生的好奇心和学习兴趣，因为好奇心是基于认知的情绪，这种情绪以认知为基础。当大学生感受到自己的知识存在不足并渴望弥补这种不足的时候就会产生好奇心理，从而在好奇心的驱使下积极主动地获取知识和接受教育。

最后，教师要充分满足大学生的需要。为了创造一个和谐的教学环境，教师需要深入研究大学生的思想需求和知识需求。在大学生思想政治理论课教学过程中，教师应以提高教学的针对性为目标。这需要他们关注大学生的思想状况，了解他们最关心、最感兴趣、最想了解的内容。在此基础上，教师才能有针对性地进行思想政治理论课教学。只有思想政治理论课教学内容符合大学生的需要和认知水平，才能创造积极的、愉快的教育氛围，才能激发大学生对思想政治理论课的兴趣，获得理想的教学效果。

（3）情境感染法教学

情境感染法是一种创新性的教学方法，主要应用于大学生思想政治理论课的教学过程中。它通过创设特定的情境，使学生有身临其境之感，从而激发学生产生相关的情绪，并使这种情绪在教师和学生之间相互感染。这种方法旨在促进教师和学生之间的情感交流，强化他们之间的情感联结，从而让教师对学生产生更高程度的认可和赞赏，以提高思想政治教育的实效。为了有效地实施情境感染法，教师需要采取一系列的情境创设方法。其中，以案例为基础的情境创设是一种常见且有效的方式。教师可以选择有针对性的案例，通过这些案例来创设具有教育价值的情境，引发学生的情感反应，并促使师生之间产生情感交流与共鸣。与传统的理论讲授相比，情境创设更能激发学生的学习兴趣，使他们更加深入地理解和掌握课程内容。

除了以案例为基础的情境创设外，实物演示情境也是实施情境感染法的一种有效手段。通过展示具体的事物或场景，教师可以引导学生产生联想和心理震撼，从而激发某种情绪或产生多种复杂的情绪。例如，通过播放重走长征路的视频，可以激发学生的爱国热情和对老一辈无产阶级革命家的敬仰。同时，这也可以促使他们冷静思考现实问题，保持自己的政治觉悟，并肩负起时代赋予的使命。

在情境感染法教学中，教师需要注重情感交流和共鸣的重要性。只有当教师和学生之间产生了情感交融，才能使情境感染法教学的效果最大化。因此，教师在教学过程中需要关注学生的情感反应，及时调整自己的教学方法和策略，以确保学生能够真正地感受到课程内容所传达的情感和意义。

四、强化教学艺术，加强思想政治理论课教学的艺术性

（一）教学艺术在大学生思想政治理论课中的重要性

1. 激发大学生的学习热情

通过提升思想政治理论课的教学水平和技巧，可以调动学生的主动性和积极性。

实践证明，那些具备卓越的教学技巧的思想政治课教师，能够在授课过程中创设一种优美、和谐、吸引人的课堂氛围，展现出思想政治课的特别魅力，进而激发学生的学习热情，引导学生更加积极主动地学习，鼓励他们认识和探索真理，树立正确的世界观、人生观和价值观。

2. 有助于充分发挥教育引导作用，提升学生的修养，陶冶学生的情操

教师通过巧妙地运用教学技巧，能够使思想政治理论课堂教学充满美感和情感，形成生动活泼、和谐愉悦的氛围。借助教学艺术，营造最佳教学环境，能够使学生更易于理解和掌握教学内容，同时有助于他们产生自我情感体验。鉴于大学生思想政治理论课的教学内容本身就是真善美的统一，在成功构建美的教学情境中对学生进行熏陶，可以使思想政治理论课的魅力充分展现，从而凸显教学内容中包含的美。具备丰富教学艺术的思想政治理论课教师能够实现科学性、真理性与美的有机结合，引导学生自发地去认识、认同、接受、追求并享受这种崇高的美，进而从内心深处认同和接受教师所传授的教学内容，陶冶情操，提升修养。

3. 有助于提升教师的成就感和教学境界

大学生思想政治理论课程具有其他专业课程所不具备的难点和挑战，部分专业课教师和学生对其抱有成见，这导致教学难度增加。教师需付出更多努力，在

赢得学生尊敬的同时，捍卫自身的尊严。大学生思想政治理论课教师提升教学艺术的修养，能够增强教学工作的实效性，感染学生。影响学生的成效越大、越多，就越能有效增强教师的自信心和成就感，强化职业认同，促进教师实现从教向乐教的境界转化。因此，大学生思想政治理论课教师具有高超的教学艺术，既能体现教师对自我的认同，又能提升个人涵养、实现自我价值，从而坚定教学工作的信心，努力追求卓越并保持高昂的工作热情。

（二）教学艺术在思想政治理论课教学中的应用

1. 要求"真"

大学生思想政治理论课讲授的是马克思列宁主义理论、毛泽东思想以及中国特色社会主义理论体系，这些都属于真理的范畴，因此大学生思想政治理论课教师在运用教学艺术时就应当把"真"放在第一位。这里的"真"指代的内容包含四个方面的结合，即"真理、真信、真懂、真诚"的结合。

马克思列宁主义、毛泽东思想和中国特色社会主义理论体系是真理，是真善美的集中体现。大学生思想政治理论课教师的教学任务就是在完成课程教学内容的同时宣传、宣讲、宣扬真理，也就是用真理的力量去感召人。思想政治理论课教师在教学中必须把这些真理包含的科学性讲清、讲明、讲活、讲深、讲透，实现"五性"（科学性、生动性、深刻性、历史性、现实性）的结合，这样能极大地提高思想政治理论课教育教学的吸引力和影响力。

大学生思想政治理论课教师应当真正理解并真正相信马克思列宁主义、毛泽东思想以及中国特色社会主义理论体系所包含的真理。思想政治理论课的授课教师需要刻苦钻研，掌握马克思列宁主义、毛泽东思想和中国特色社会主义理论体系所包含的科学理论，并深入了解党的路线、方针和政策，建立正确的世界观、人生观和价值观，深入领悟课程教学中所蕴含的真谛，使其成为自己坚定的信念。只有这样，才能勇敢地坚守真理，坦然而毫不掩饰地传播和倡导真理。只有这样，才能让学生被正能量感染。同时也可以强化大学生的理想信仰，使他们更深刻地理解和掌握马克思主义理论的本质。

大学生思想政治理论课教师在授课时，应当让学生意识到思想政治理论课不仅传授知识，还涵盖了教师对学生个人思想政治素养提升和成长的关切和指导。

大学生思想政治理论课教学的目标在于强化学生对社会主义信仰的认识，提升他们的思想政治素质，以将学生培养成社会主义事业合格建设者和接班人为重任。在这一过程中，教师自身的理论修养水平差异将直接影响其在传授、阐述和宣扬真理方面的能力和境界；教师的敬业和投入程度决定了宣传、宣扬和传播真理的效果。因此，一定要在"真"字上下功夫，把责任感与事业心有机结合，做到真诚做人，真诚从教，真诚育人，彰显大学生思想政治理论课教师的品德、修养与风范。

2.要重"情"

"动之以情，晓之以理"是教师在教学工作中的一句至理名言。"动之以情"指的是用感情来打动受教育者，"情"是大学生思想政治理论课教学艺术的灵魂，是"理"的内容入脑、入心的催化剂。"动之以情"包含三个方面的内容。

第一，在进行"晓之以理"的教育中，教师对自身的本职工作与授课对象寄予了深厚的爱和纯真的情，使学生在受教诲的过程中真切地感受到教师对教育事业的热爱以及对学生成长的关爱。

第二，在教学过程中，学生能够强烈地感受到教师的教学语言（口头语言、肢体语言、姿态语言）中包含的浓烈的情感色彩。其一，在教师的教学语言中，语调（高低）与节奏（快慢）的变化对吸引学生的注意力来说是最为重要的语言要素。其二，融情于教师的肢体语言中。大学生思想政治理论课教师在教学中的情感色彩还需与自身有效地运用肢体语言（主要指手势）结合起来。其三，要有富有情感的姿态语言。其四，有意识的视觉交流。其五，教师的面部表情要与情感的变化配合。

第三，思想政治理论课教师要善于发掘课程教学内容中蕴含的丰富的情感因素，如革命导师、领袖、伟人在各个历史时期的理论与实践活动体现出的改天换地与翻天覆地的豪情，对祖国和人民无比挚爱的深情，对事业全心付出的真情，密切联系群众的友情，对待家庭的亲情，等等。在思想政治理论课中融入这些情感因素能使思想政治理论课教师对"情"的表达具有更加丰富的内涵。

（三）思想政治理论课教师提高教学艺术的路径

1.提高自身的人格魅力

人格魅力是指一个人在多方面表现出的吸引力，包括性格、气质、才能、品德等方面，使他人被吸引并留下深刻印象。大学生思想政治理论课教师的人格魅力属于非语言艺术,是指思想政治理论课教师教育和感染学生的尊严价值和道德品质力量,是其在教学过程中创造性地运用仪表举止等因素进行教学表达活动时所反映和折射出来的内在修养。高校的思想政治理论课教师的人格魅力是他们向学生传递正确思想、价值观的重要保障。教师的人格魅力由多个方面构成。首先,学识渊博的教师能赢得学生的敬仰和认可,因此,教师应不断提升自己的学术素养。其次,教师的仪表也是很重要的。他们应保持庄重的仪态,以展现出专业和严谨的形象。此外,教师还需要具有高尚的道德品质,为学生树立道德典范。同时,教师还应具备吸引人的个人特质,如积极乐观、富有激情等,这些特质能让学生更愿意接近教师,接受教师的教诲。最后,教师应主动培养自己的人格魅力,通过不断学习和实践提升自己的素养,为学生树立一个积极向上的榜样。

2. 端正工作态度,提高境界

从事大学生思想政治理论课教学工作有相当大的压力与难度,而要取得一定的成绩,就需要付出更多。实践经验表明,大学生思想政治理论课教师在教学工作中努力追求成就感,提升工作快乐指数,崇尚乐教的境界,具备强烈的事业心,就会影响到学生的学习,进而带来教学效果的极大提高,实现教与学的双向促进。只有热爱自己的本职工作,努力追求,不断提高教学工作的实效性,教师才会有更多的时间和精力投入教学工作中,自觉地把增强自身教学的艺术性作为工作的一个重要组成部分,不断加强学习与提高自我修养。

3. 锤炼教学基本功,提升教学能力

要成为一名优秀的思想政治理论课教师,提升课堂教学艺术,必须加强对教学基本功的锤炼,对相关的教学理论、技巧应该有比较深入的了解和把握。大学生思想政治理论课教师的教学基本功应该包括以下几大方面。

一是对所教授的思想政治理论课程教材的领会、把握和驾驭的能力;二是对主干课程教学内容的熟悉、理解的程度及课程间联系、衔接的把握能力;三是备课工作的能力;四是语言表达能力;五是现代教学技术运用能力;六是对授课对象思想实际与思想问题进行针对性解决、引导的能力;七是教学效果的自我评价与教学反思的行为能力;八是对所授课程所属学科的理解、认识,对学科研究的最新动态与前沿研究成果的把握及引入教学的能力;九是富有成效地组织课堂教学的能力;十是理论教学与实践教学结合与促进的能力。

思想政治理论课教师个人的教学基本功锤炼得越扎实，教学能力就越容易提升，就越有利于教师对教学艺术的追求和创新。

4.加强对优秀教学成果的继承和创新

大学生思想政治理论课要提高实效性，需要思想政治理论课教师在教学工作中体现出教学的艺术性，同时坚持原则性和灵活性的统一，也就是既要按照教育教学规律的要求开展教学工作，也要结合具体实际问题有针对性、创新性地开展教学工作。做好对其他优秀教师教学成果的学习、借鉴与模仿；在此基础上结合不断变化的教学对象及新时期、新形势的要求进行教学艺术性的再创造与再加工，再结合自身特点与优势进行创造性的发展，形成独具风格的教学艺术。只有不断革新教育理念、锤炼教学基本功、提升教学艺术水平、拓展学术研究视野，才能打破常规，有所创新和超越，体现出每个教师的个性特色，提升自身教学工作的艺术境界，完善自身的教学工作，实现自身教学素养的不断提升，成为学习型、发展型、艺术型、学者型教师的结合体，这样才能成为一名学生喜爱和尊敬的优秀思想政治理论课教师，教学工作的实效性才能最大限度地得以体现。

五、深耕教材内容，加强思想政治理论课的深度

（一）深耕教材内容的前提：对教材内容的整体把握

1.把握教材内容的知识结构

教师要把握思想政治理论课教材的基本内容，必须先从把握教材内容的知识结构开始。思想政治理论课教材是按照一定的逻辑关系来编写的，教材中课与课之间、节与节之间、框与框之间、目与目之间、段与段之间，都具有一定的关联性、过渡性、系统性，都存在着一定的内在联系与逻辑关系。因此，思想政治课教师需要对教材进行深入阅读和分析，把握教材的内在知识结构。如果教师对教材的内在知识结构没有一个较好的把握，也就无法进行教材内容的深入分析，也无法有效开展教学工作。

2.把握教材内容的知识要点

思想政治理论课教材上的知识要点是由一系列基本概念、基本原理、基本观点、基本问题等构成的。思想政治理论课教师要在把握教材知识结构的基础上，明确教

学时准备传授给学生的知识要点，并牢牢地把握和熟悉这些知识要点，把它储存在自己的认知结构中，也就是实现知识要点的内化，这样教学时才能做到胸有成竹。

3.把握教材内容的情感因素

思想政治理论课最根本的特点在于它是一门教育性课程，它的最终教学目的是培养学生正确的情感态度和价值观。因此，在思想政治理论课教学中，分析教材时需要挖掘其中所包含的爱国主义、道德情操、辩证唯物主义和心理品质等情感因素，并以适当的讲授方式纳入教学内容中。

4.把握教材内容的重点、难点和热点

把握思想政治理论课教材中的重点也就是把握教材中最重要、最基本的基础知识或最关键和最有现实教育意义的部分。在课堂教学过程中，教师在每堂课中都应设置重点，处理好重点与非重点之间的关系是十分重要的。把握教材中的难点也就是把握学生难以理解和掌握的知识点。在教学过程中，对难点进行分析是突破难点的前提。在分析的过程中，应将重点放在对"难"的原因的分析上，从而选择恰当的教学方法或策略。热点就是当前社会上存在的、和教学相关的、学生关心的热点问题。在教学过程中，教师要对热点事件产生的原因及其发展进行重点分析，同时还要了解社会热点问题对学生思想认识方面的影响，从而更有针对性地安排教学内容。

5.把握教材内容的广度和深度

在思想政治理论课教学过程中，教师必须始终围绕着教材和学生的实际进行教学，教学内容不可讲得过深或过浅。如果脱离教材讲得过深，就会使学生望而生畏，从而失去学习兴趣；如果讲得过浅，同样不能使学生掌握必要的基本观点，也不能发挥学生的智力和能力。所以，思想政治理论课教师把握好教材内容的广度和深度是十分必要的。

（二）深耕教材内容的落脚点：了解、理解学生

深入研究教材内容，是掌握学生学习情况的关键。在规划教育内容和选择教学方法时，应该深入了解大学生的思维特点和素质的发展状况，结合他们的现实生活，关注他们所关心的重要问题。通过答疑解惑的方式，真正触及他们的心灵，引导他们关注现实社会，了解社会关系，从而作出更加理性和明智的选择。教师与学生之间应当进行平等的交流和对话，并且教师应该利用自己的专业知识和丰

富的社会经验,通过理性的思考和深刻的分析,让学生信服。这样能够更好地激发学生的主动性和自我驱动力,激励他们积极地学习。因此教师应当投入大量精力去了解学生的心理、思想及性格等方面,积极参与学生的社团活动、班级活动,观察他们的共性和个性,深入探究某些思想观念产生的原因和化解办法,真正做到深入理解学生,这是教师深耕教材内容的落脚点。

具体实践中,有些专职思想政治理论课教师上课即来、下课即走,与学生的接触和联系主要局限在课堂上,课外与学生的联系和互动十分有限。尤其是有的高校校区多,教学任务繁重,教师往往抽不出更多的时间和精力来参与学生活动,无法有效地了解学生,导致教学效果大打折扣。因此,除了集体备课中教师之间的交流沟通和相互学习外,教师还可以利用课间与学生互动,主动与辅导员、学生干部加强联系和沟通。这样的付出也许不会立即产生效果,但学生会感受得到,至少可以融洽师生关系,这也是良好教学的必备条件之一。另外,借助 QQ、微信、贴吧、微博等方式,教师也可以更好地了解学生,尤其是在教师与学生相隔较远的情况下。只要教师认识到理解学生对于思想政治理论课教学的重要性,愿意付出努力,总能找到合适的方法真正理解、关心、服务好学生。

(三)深耕教材内容的途径:专题化教学

专题化教学在教学内容上改变了按教材章、节、目进行授课的传统方式,更加注重大学生的思想特点和当前的社会实际,有助于教师对教材内容进行深耕。

1.开展教研活动,进行集体备课,对教材内容进行深耕

首先,为了更加全面地推进专题化教学,满足思想政治理论课教学改革的要求,马克思主义学院(或思想政治理论教学部)应该进行集体备课。各教研室要深入研究教材,同时了解思想政治课教材的内容,确定本教材的重点讲授内容。同时,各教研室之间相互交流,确定各自讲授的内容,避免各门课程之间的重复。在此基础上,确定各教研室的专题设置,然后由教研室具体到各专题小组再到个人,形成专题化教学的整体思路和体系,完成思想政治理论课的教学任务。为了能够保证专题化教学的顺利推行,要制订具体的教研活动计划,规定教研活动的时间、地点、内容及其活动程序。

其次,加强集体备课和教师之间的交流。组织集体备课,以专业和研究方向为依据,将教师分成不同教学组,共同完成相应的教学专题,克服课程教学中的

困难，准确、深入把握专题教学内容，既博采众长，又使内容精练、充实，以发挥不同教师的专业特长优势。

最后，安排和选定专题授课教师。专职教师的安排很重要，可以结合教师的专业特点、授课风格及大学生的知识结构来选择。如"思想道德修养与法律基础"课教师有思想政治教育专业毕业的，有法律专业毕业的，可以根据教师的专业背景安排专题授课任务。

2. 精心设计各门课的专题教学方案

第一，要明确专题化教学的指导思想。专题化教学是为了加强和改进思想政治理论课，它更加突出"以人为本"的教学理念。在专题化教学中，我们应该始终坚持以人为本的教学理念，将其贯穿于教学内容的每一个专题中。

第二，制订标准化的专题设计计划。我们需要对教材中的各个专题进行规范化处理，可以以学校的教学计划、学生的思想特点和知识结构以及当前社会热点为基础，由马克思主义学院或思想政治理论教学部门负责理论课教学的整体安排。

第三，设定专题非常重要，所选专题需要包含课程的核心内容，并需注意各专题之间的内在联系。专题讲授的相对独立性可能会导致教学体系内部的不连贯。因此在制订教学计划时，需要特别注意前后专题之间的逻辑一致性，加强各部分之间的理论衔接及学生对专题的整体把握。课程教学组应该充分发挥集体智慧，既要全面掌握所承担专题的理论基础和相关内容，也要建立专题间的逻辑关联，还要考虑解决问题的针对性、创新性、现实可行性及实际效果。

第四，完善专题教学效果反馈机制，方便专题教学的改进和教学内容的再组织。在反馈的时候，可以要求学生以不记名的方式对教师的教学质量作出评价。

第二节 校园文化活动与思想政治教育融合

在全国高校思想政治工作会议上，习近平总书记强调，要把思想政治工作贯穿教育教学全过程，实现全员育人、全程育人、全方位育人。[1]高校思想政治教育工作者要千方百计地加强教育引导，让社会主义核心价值观之花在大学生心中绽放。

---

[1] 关晶，胡浩. 习近平在全国高校思想政治工作会议上强调 把思想政治工作贯穿教育教学全过程 开创我国高等教育事业发展新局面[J].上海教育，2017（3）：4—5.

一、组建大学生理论宣传团队，以大学生为主体讲好中国故事

根据马克思主义大众传播的原理和大学生思想政治教育的规律，结合马克思主义传播人才的培养特点，高校可以探索建立一支以学生骨干为核心的理论宣传团队，用大学生的视角来宣讲习近平新时代中国特色社会主义思想和党的二十大精神，贴近学生实际，进一步增强理论学习的氛围，激发思想政治教育的活力。

（一）立足新时代的宣讲内容

宣讲的内容是否具有时效性决定了理论宣讲是否真正能够达到思想政治工作的要求。因此，宣讲团队要跳出传统宣讲套路，从内容、形式、载体、方法、手段等方面对贯彻落实习近平新时代中国特色社会主义思想和党的二十大精神进行全面解读。

（二）"双向互动"的宣讲方式

宣讲在形式上要讲究语言的规范和严谨，采用说理和案例启发相结合的方式，特别强调与宣讲对象的互动，变传统的"单向灌输"为"双向互动"；同时，宣讲还应着眼党和国家事业发展全局，高度负责尽责，提高贯彻落实习近平新时代中国特色社会主义思想和党的二十大精神的质量和水平。

二、特色党建活动引领，推动思想政治教育高质量发展

高校应精心策划学生党建特色活动，可以在主题党日活动中设置"学习强国"专栏学习、重温入党誓词、过集体政治生日等环节，增强组织生活的仪式感、吸引力；还可以组织开展"读《习近平谈治国理政》主题征文比赛""党史百年知识专题学习"等一系列活动，以学生党建活动为抓手，牢记"为党育人，为国育才"的使命，将思想政治教育融入人才培养的全过程，以党员为榜样，引导全体学生做"德才兼备"的时代新人、做"追梦人"、与祖国同呼吸共命运。

三、创新党史学习教育方式，奏响党史育人"三部曲"

习近平总书记在清华大学建校 110 周年校庆日即将来临之际考察清华大学时强调："广大青年要爱国爱民，从党史学习中激发信仰、获得启发、汲取力量，不

断坚定'四个自信',不断增强做中国人的志气、骨气、底气,树立为祖国为人民永久奋斗、赤诚奉献的坚定理想。"①

(一)立德树人,奏响党史育人"初心曲"

高校应牢记"为党育人、为国育才"初心使命,结合学生特点和学科特色,创新党史学习教育方式,将党史学习教育融入思想政治教育全过程;用好课堂主渠道,把党史学习教育融入思政课程和课程思政之中,组建党史学习教育宣讲团,组织优秀辅导员带领学生党员进校园、进社区、进企业、进农村,讲党史、讲社区治理,把党史学习教育同为人民服务结合起来。

高校应充分利用红色文化主题教育基地,开展爱党爱国理想信念教育。在红色文化纪念馆等爱国主义教育基地举办开展学生新党员代表宣誓入党仪式等主题宣传教育活动,增强育人的仪式感。

高校应组织学生实地参观学习,打造"行走中的党史课堂",推出"教授讲党史""探寻家乡红色遗址,感悟家乡红色文化活动"等专题思政栏目,传承共产党人的精神。在教师的指导下,通过寻访身边的老党员,深入探寻他们为国家作出的贡献,体会祖国发展的艰辛历程。高校还可以深入挖掘典型人物事迹,用图片、文字、视频等方式真实再现和讲述在中国共产党领导下身边的老党员为党为国无私奉献的先进典型事迹,扎实开展"四史"学习教育,创新学习教育方式,引导学生学史增信、学史崇德,提升思想政治教育的实效性。

(二)深学笃用,奏响党史育人"进行曲"

高校应积极开展党史学习教育的悟思想读书活动、办实事实践活动、育新人铸魂活动、开新局争先活动,把学习贯彻习近平总书记重要讲话作为党史学习教育的首要任务和根本遵循;灵活运用读、访、唱、研、讲五种学习方式,引导学生读原著、学原文、悟原理,在实践中学党史、悟思想、办实事、开新局,进一步坚定政治信仰。

---

① 本刊综合.习近平在清华大学考察时强调 坚持中国特色世界一流大学建设目标方向 为服务国家富强民族复兴人民幸福贡献力量[J].当代兵团,2021(8):2.

(三)靶向发力,奏响党史育人"协奏曲"

社会主义核心价值观的培育和践行,需要精神文化产品与文化氛围的涵养和支持。

文化熏陶是培育核心价值观的有效手段。高校应积极组织和举办合唱比赛、党史诵读比赛、师生歌咏比赛、红色经典诵读、书法绘画展示等一系列文化艺术活动,以文化艺术为突破口,靶向发力,突出重点,强化对学生的文化艺术熏陶,在学生心中种下"真善美的种子"。

第三节 社会实践活动与思想政治教育融合

一、社会实践活动与思想政治教育深度融合的现实意义

(一)社会实践活动丰富了思想政治教育的内涵

社会实践活动是大学生思想政治教育的重要环节,有利于大学生开阔眼界、增长见识、服务国家、回馈社会、磨砺品格、敢于担当、善于作为、增强社会责任感。因此,作为思想政治教育第一课堂的有益补充,社会实践活动能为大学生思想政治教育注入新的内涵。

(二)社会实践活动为大学生提供了一个平等交流的平台

在社会实践活动中,不论身份背景、学习成绩如何,每个学生都有机会参与其中,发挥自己的特长。这种平等参与的方式有助于培养学生的自信心和团队协作能力。

(三)社会实践活动为大学生提供了一个自由探索的空间

不同于传统的课堂教学,在社会实践活动中学生可以根据自己的兴趣和需求进行选择,与同伴们共同探索、学习和成长。这种自主选择的方式有助于激发学生的创新精神和实践能力。

（四）社会实践活动是大学生自我成长的重要场所

通过参与社会实践活动，学生可以深入了解社会，增强社会责任感；同时，在实践中发现自己的优点和不足，为未来的职业规划和个人发展提供有益的参考。

（五）社会实践活动是培养大学生实践能力的有效途径

通过参与各种形式的社会实践活动，学生可以锻炼自己的组织协调能力、沟通能力和解决问题的能力，为将来的工作和生活做好准备。

二、以高质量的社会实践活动为载体，拓展实践育人平台

（一）赋能社会实践活动，增强大学生历史使命认知力

社会实践活动要立足更加广阔的社会场景，以人民为中心，心系人民，讴歌人民。只有充分领略祖国的大好河山和风土人情，大学生才能体会到家国情怀，认清国家发展的重大历史机遇和面临的各种困难与挑战，增强成为中国特色社会主义可靠接班人的历史使命认知力。

高校可以开展以环境保护为主题的社会实践活动，倡导绿色文化实践教育。比如，针对2020年12月颁布的《中华人民共和国长江保护法》（下简称《长江保护法》），可以引导学生组建《长江保护法》返乡社会实践宣讲团，充分发挥学生的主动性与创造性，鼓励学生采用情景剧表演、知识宣讲、问卷调查、法律知识问答等多种形式，编印《长江保护法》《长江保护法100问》等宣传资料，深入位于长江流域的学生家乡开展返乡普法宣传活动，用简明扼要的语言，深入浅出地讲解群众身边的鲜活事例，提高他们对《长江保护法》的了解和认识，使他们充分认识《长江保护法》出台的重大现实意义，不断增强保护长江的意识，共同维护长江流域的生态环境，促进长江流域保护常态化。大学生在社会实践活动中能够不断提升理论联系实际的能力，做到学以致用，肩负更多的社会责任，培养节能低碳的绿色消费行为，以实际行动践行习近平总书记的"绿水青山就是青山银山"理论。

（二）提供社会实践活动载体，增强大学生社会责任内驱力

具体而言，高校可以结合党史教育和学校实际，开启一堂"行走的思政课"，

让学生亲身感受多样化社会实践的魅力。比如，可以组建大学生乡村振兴社会实践团走进当地的特色乡镇，感受社会主义新农村建设的丰硕成果；可以到现代化智慧农业产业园参观和学习；还可以到乡村特色农产品电商直播间现场体验"直播带货"，亲身感受国家科技发展助力乡村振兴的成果，激励学生坚定永远跟党走的信念，将获取的养分化作实践观察的动力，投身于乡村振兴的奋斗之中。

（三）建立社会实践育人共同体，为思想政治教育注入新活力

《关于加强和改进新形势下高校思想政治工作的意见》（以下简称《意见》）提出，要强化社会实践育人，提高实践教学比重，组织师生参加社会实践活动，完善科教融合、校企联合等协同育人模式，加强实践教学基地建设。因此，建立高校与政府部门、社会非营利机构、街道社区、律师事务所等社会实务部门的联动育人培养机制十分必要。这种机制可以提供多元化实践锻炼平台，推动高校与社会实务部门组成大学生社会实践育人共同体，形成联合培养模式，加大创新型、复合型人才培养力度。这一工作机制的建立还为高校、政府等社会实务部门联合建立教学社会实践基地提供了顶层设计保障，为社会实务部门承担高校人才培养任务提供了机制保障，将有助于提高社会实务部门投身高等教育的积极性，开启大学生社会实践全员育人的新格局。

第四节　网络平台与思想政治教育融合

一、网络平台给大学生思想政治教育带来的机遇与挑战

（一）网络平台给大学生思想政治教育带来的机遇

1.有利于实现大学生思想政治教育方式的创新

当下，高校基本形成了学校、学院、年级、辅导员微信公众号等多层次的新媒体思想政治教育平台矩阵，通过线上线下开展党建团建、主题班会、学风建设等活动，与日常学生管理相互融合，突破线下地域限制，突出教育内容的新颖性，充分发挥专业教师、辅导员、党政管理人员等专兼职思想政治教育管理队伍立德树人的示范作用，做好大学生思想政治教育工作。

2.有利于调动大学生思想政治教育主体的积极性

各类官方微信公众号、微博和QQ等新媒体平台所带来信息传递的时效性、交互性、生动性的特征迎合了当下大学生追求自由和个性化的群体特征，突出发挥了网络思想政治育人的正面引领作用，这种"润物细无声"的隐性教育方式更能够充分调动大学生的积极性和参与性，让他们成为深度思想的学习者、正能量的传播者和创新领域的先锋者。

3.有利于丰富大学生思想政治教育话语的内涵

当代大学生主要通过新媒体和虚拟网络空间进行交流，这种交流方式加上其他交流模式已经成为日常交际中不可或缺的一部分。这种模式为大学生思想政治教育提供了很好的机会，可以在网络空间中进行相关话题的延伸和探讨。一方面，大学生可以在虚拟网络世界里拥有相对独立的话语空间，而不必受任何话语权威控制，塑造个性化的独立人格；另一方面，新媒体可以超越地域、职业、专业、年龄等交往范围，为大学生思想政治教育注入新的活力和动力，丰富大学生思想政治教育话语的内涵。

（二）网络平台给大学生思想政治教育带来的挑战

1.大学生思想政治教育环境日益复杂化

在新媒体时代，大学生的思想政治教育和管理依托互联网信息技术将变得更加高效和便捷，突破时空和地域的限制，实现点对点、点对面多元化的信息传播和交互。新媒体的虚拟性和交互主体身份的隐匿性也导致教师很难准确把握大学的情感状态和思想动态，从而影响教学效果。大学生乐于通过新媒体去获取各种资讯和分享个人见解，并进行信息的交换，以获取不同的思维方式和价值理念，但虚拟的环境往往很难建立长久、真诚、可信赖的交往关系。这种情况对于传统思想政治教育产生了一定的冲击，导致其影响和作用有所减弱。

2.大学生思想政治教育的传统理念受到冲击

大学生思想政治教育的传统理念具有多重优点，如教师和交流对象真实身份的确定性、教育过程的可控性、教育目标和效果的可及性等。具体来讲，教师和学生通过传统的思想政治教育方式进行面对面交流，可以有效传递有价值的信息，避免信息失真，通过面部表情和语音语调的变化展开情感交流，进行共情，产生共鸣，以此达到预设的教育目标。新媒体环境下，大学生往往以虚拟的身份或者掩饰其真实思想行为的状态与教师进行线上交流，大学生线下真实的行为和言论很难被发现和追踪。显然，这种信息不对称的交流状态让教师很难开展有针对性的教育工作。教师单方主导的传统思想政治教育理念受到新媒体下师生双向互动的思想政治教育理念的挑战。

二、网络平台与大学生思想政治教育融合的实践途径

（一）树立大学生思想政治教育的新理念

高校新媒体工作者应当树立兼容并包、与时俱进的工作理念，以开放的姿态接纳和拥抱新媒体，全面、科学、客观地看待新媒体给大学生思想政治教育带来的机遇和挑战，取其精华，去其糟粕，降低新媒体的不利影响，激发新媒体的辐射力，挖掘其所蕴含的思想政治教育新动能，把握新媒体与思想政治教育融合发展的新规律。

（二）构筑大学生思想政治教育的新平台

为切实加强大学生思想政治教育工作，提高思想政治教育水平，高校可以构建学校、学院、年级辅导员微信公众号"三位一体"的网络思想政治工作传播矩阵，坚持宣传"学校、学科、学者、学生"的先进事迹，树立师德师风先进典型。一言以蔽之，高校新媒体平台建设应注重在立好办网之魂、强化能力建设、巩固壮大阵地、改进传播方式等方面下功夫，充分发挥新媒体在提升思想政治工作质量、构建一体化育人体系方面的重要作用。

（三）探寻大学生思想政治教育的新方法

1. 研究高校思想政治教育工作者思想引领的新范式

传统思想政治教育模式中，高校思想政治教育工作者开展思想政治教育主要围绕两个课堂展开：以思想政治课教师讲授"两课"、形势与政策课等为内容的"第一课堂"；以辅导员等学生工作者组织开展党建团建、生活会、班会、校园文化活动等为载体的"第二课堂"。新媒体时代，高校思想政治教育工作者思想引领应关注两个转变。

第一，由"单一"向"多元"转变。即由传统"两课"理论知识传授的显性教育和舆论引导、活动渗透等隐性教育相结合的"单一"模式转向新媒体网络社区、微信、QQ、短视频等大学生喜闻乐见的信息交互模式，提供更加丰富多元的思想引领素材和资源，成为思想政治教育主渠道的有益补充。

第二，由"主导"和"灌输"向"引导"和"对话"转变。新媒体时代更强调交流的自由平等，这对传统思想政治教育模式中教师的主导性和权威性产生了较大的冲击。因此，思想政治教育工作者在沿用传统"两课"教育主渠道的基础上要主动占领新媒体阵地，充分利用微信、QQ等新媒体平台具有的覆盖面广、点对面、传播即时性的特点，通过文字、图片、语音、视频等方式传播正能量，围绕学生关注的热点及时给予针对性的回复，引导学生认同和践行社会主义核心价值观，用中国梦筑牢大学生的共同思想基础，提高思想政治教育工作的辐射力、吸引力和渗透力。新媒体信息的发布者、传播者与接收者应融为一体，高校思想政治教育工作者与大学生在新媒体互动交流中不必太在意师生的身份界限，师生的思想交流更多是"对话"式的交流，是建立在彼此相互尊重、平等交流基础上的相互认同、求同存异，是逐渐产生共鸣、达成共识的过程。因此，思想政治教育方式要从"主导"和"灌输"向"引导"和"对话"转变，引导大学生铸就理想信念、锤炼高尚品格，成为堪当民族复兴大任的合格人才。

2.夯实高校思想政治教育工作者全员育人互动平台

高校思想政治教育工作者是加强和改进大学生思想政治教育的重要力量。这支工作队伍的成员主要包括学校及学院党政、团委干部、"两课"专业教师和辅导员等。当下，虽然各高校非常重视全员育人的重要性，开展了教师、辅导员结对定期联络班级、寝室、学生等活动，但由于缺少持续性和评价机制等原因而未能获得预期的效果，导致师生沟通不多，全员育人的美好愿景难以实现。因此，高校需要根据具体情况灵活变通，根据时代变化不断进步，顺应形势变化不断创新，以提高思想政治教育工作的感召力和实际效果，并建立全方位、全过程、全员参与的育人体制机制。具体来讲，首先，要树立全员育人共同体意识和设计好"施工图"，大学育人并不只是学工队伍的工作职责，而是需要学校全体教职员工共同担负的职责，高校应积极树立育人教师标兵，用榜样的力量带动营造全员主动参与育人的良好氛围。其次，制定教师参与全员育人的相关激励政策。高校应为鼓励更多的教师参与全员育人提供制度保障，在年度绩效考核、教师职称晋升和评优评先等方面给予适当的政策倾斜。最后，努力探索建立学校党委行政、学工、团委、教务、工会组织等跨职能部门的育人联席工作机制，推动形成全员育人新格局，夯实思想政治教育工作队伍全员育人的互动交流平台和工作机制。

3.构筑新媒体平台信息传递矩阵，增强网络思想政治教育的张力

高校思想政治教育者要充分利用网络快捷、互动性强、覆盖面广的特点，形成多层面、平等性的对话与交流的机制，有效避免传统思想政治教育只能面对面交流的尴尬，消弭学生的心理隔阂，及时把握学生的思想动态，有效解决时空等特殊原因导致的无法直接交流的难题，强化新媒体平台与网络思想政治教育的连接，增强网络思想政治教育的张力。

当下，我们可以通过建立网络班级、网络团支部、网络党支部开展主题活动和组织学习任务，提高沟通效率，摆脱传统固定班级的束缚，引导学生发挥主观能动性，组建以兴趣爱好为导向的"网络家园"，进一步增强班级的凝聚力和归属感，从而为思想政治教育工作者开辟思想政治育人的新天地。高校思想政治教育者应坚持网络发声，坚持正面引导，坚持撰写博文，调动学生参与的积极性，拉近师生的时空和心灵距离。这也将成为高校思想政治教育者听取学生心声、把握学生"思想脉搏"的重要途径。

参考文献

[1] 戴钢书，张振华．当代大学生马克思主义理论教育链论 [M]．北京：中国人民大学出版社，2022．

[2] 韩振峰．新时代高校思想政治教育及思想政治理论课教学研究 [M]．北京：中央编译出版社，2021．

[3] 刘占军．新时代大学生思想政治教育着力点研究 [M]．西安：陕西人民出版社，2019．

[4] 黄山．"形势与政策"教育教学理论与实践研究 [M]．北京：中国文史出版社，2018．

[5] 刘锋．生活科技化时代与大学生思想政治教育创新 [M]．成都：西南交通大学出版社，2018．

[6] 崔付荣．思想政治教育理论与实践研究 [M]．北京：新华出版社，2017．

[7] 谢传仓，党彦虹．高校思想政治教育社会实践教学探索 [M]．沈阳：东北大学出版社，2016．

[8] 刘丽红．当代大学生思想政治教育工作探索 [M]．北京：中国文史出版社，2015．

[9] 王文德，陈礼斌．杏坛耕心：大学生思想政治教育工作研究与实践 [M]．北京：中国文史出版社，2015．

[10] 玉素萍，周世中．至善之道与大学生思想政治教育 [M]．北京：中国文史出版社，2015．

[11] 佘勉吾，应永胜，林志锋．新时代少数民族大学生思想政治教育的教学重点与实践路径探究 [J]．秦智，2023（6）：52-54．

[12] 蔡晖．红色歌曲融入新时代大学生思想政治教育的实践路径研究 [J]．民族音

乐，2023（1）：71-74.

[13] 李奕娉，应晓燕.新时代家国情怀融入大学生思想政治教育的实践路径探析[J].老区建设，2022（19）：76-80.

[14] 汪强.新时代公安院校大学生思想政治教育：理论基础与实践路径[J].森林公安，2022（3）：39-42.

[15] 姚乐.基于思想政治理论课探究新时代大学生爱国主义教育的实践路径[J].大学，2021（24）：81-83.

[16] 李增.新时代大学生思想政治教育教学实践与创新[J].食品研究与开发，2020，41（19）：243-244.

[17] 李志飞，郭长帅，王龙淼.新时代兵团精神融入大学生思想政治教育的理论逻辑与实践路径探析[J].和田师范专科学校学报，2019，38（1）：14-17.

[18] 魏建功，任爽.新时代社会主要矛盾变化视域下的大学生思想政治教育及实践路径[J].学术探索，2018（10）：145-151.

[19] 王伟.新时代加强和改进大学生思想政治教育路径研究[J].山海经：教育前沿，2020（10）：1.

[20] 冯春艳.新时代高职院校思想政治教育实践育人创新研究[J].青年与社会，2020（5）：157-158.

[21] 崔晓丹.大学生思想政治教育主渠道与主阵地协同研究[D].北京：北京科技大学，2021.

[22] 张煜.新媒体视角下的大学生思想政治教育优化研究[D].长春：吉林农业大学，2022.

[23] 黎子嫒.人工智能赋能大学生思想政治教育研究[D].南昌：江西师范大学，2022.

[24] 吴健敏.科学家精神融入大学生思想政治教育研究[D].兰州：兰州理工大学，2022.

[25] 李娇娇.新媒体时代大学生思想政治教育话语创新研究[D].济南：山东大学，2022.

[26] 韩露莹.新时代大学生思想政治教育协同创新研究[D].漳州：闽南师范大学，2021.

[27] 张琳晶.全方位育人视角下大学生思想政治教育问题及对策研究[D].桂林：桂林电子科技大学，2022.

[28] 侯盼盼.西柏坡精神融入新时代大学生思想政治教育的途径研究[D].石家庄：河北师范大学，2021.

[29] 熊红能.滇西地方红色资源在大学生思想政治教育中的运用研究[D].大理：大理大学，2022.